JC-MARTÍNEZ

PSICOANÁLISIS:
3 CASOS REALES DE NEUROSIS

AGRADECIMIENTOS

A mis padres y familia en general por toda la inspiración
y el apoyo brindado en todo momento
de forma incondicional.

A mis hijos por su importante significado en mi vida,
razón de la que se impulsa mi deseo de ser mejor en la vida
constantemente, en busca de ser un gran ejemplo de vida.

A mis amigos, colegas y maestros cercanos, quienes
son parte de un gran soporte, seguridad e impulso
para crecer y navegar por este amplio y oscuro camino
de la salud mental.

A mis pacientes, quienes de manera segura, optimista,
satisfactoria y emotiva, decidieron compartir sus casos
personales para enriquecer el conocimiento de otros.

A ti lector, por darme la oportunidad de formar parte
de todas esas palabras, aportaciones, aprendizajes y emociones
que en algún momento han dejado paso por tu vida lectora.

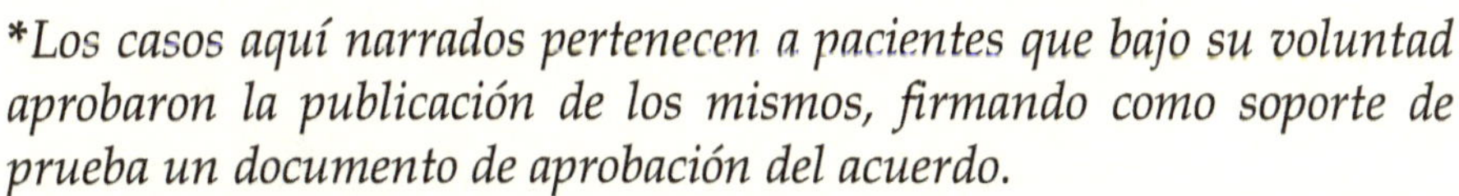

*Los casos aquí narrados pertenecen a pacientes que bajo su voluntad aprobaron la publicación de los mismos, firmando como soporte de prueba un documento de aprobación del acuerdo.

*Algunos nombres de los pacientes para los siguientes casos, son seudónimos elegidos por los mismos pacientes para protección de su identidad.

INDICE

INTRODUCCIÓN

Desde los inicios del psicoanálisis y su propuesta (entre tantas) particularmente de la *NEUROSIS* tanto como trastorno, afección, síntoma o cualquier designio que se le pueda otorgar según la necesidad y la situacion específicamente, una realidad ineludible es, que, dicho termino vino a revolucionar el campo del estudio de la mente y el comportamiento en el ser humano; por ende, no es peculiar ni mucho menos, encontrar como la abordan clínicamente en gran porcentaje desde médicos, psiquiatras, psicoterapeutas, psicologos en general, entre tantos más; y bueno, claramente, psicoanalistas.

Existen una variedad de formas en que definen lo que es NEUROSIS según la disciplina que lo refiera; tambien existen muchas definiciones populistas que la sociedad da del término mismo, algunas basadas en más desconocimiento que otras en realidad. Sin embargo, una definición popular con la que podemos quedarnos y algunos factores que podemos mencionar como caracteristicas importantes de la misma, para lo que la intención de este libro puede necesitar y sin tener que introducirnos en un lenguaje científico, complejo y profundo para muchos de los lectores, podría ser:

Neurosis es aquella afección del ser humano en donde la mente (razón) y el comportamiento (emociones) no logran empatizar ante una situación de gran significado para la persona, provocando así, una gama de malestares psicológicos y emocionales de origen inconsciente, en su gran mayoría de casos, imposibles de curar por la persona misma.

Algunos de los factores más significativos que mencionar sobre la neurosis pueden ser: *resistencia, inconsciente, vivencias pasadas, mecanismos defensivos, represión, deseos, disociación, sufrimiento, locura, fantasía y necesidad.*

En cuanto al presente libro, éste tiene como objetivo primordial, compartir de manera textual lo más detalladamente posible los casos que en él se presentan; estos casos tienen el factor común por decirlo de alguna manera, el contener una emoción que de una u otra manera causaba insatisfacción e infelicidad a los padecientes, e igualmente, que la cura o solución al problema no podía solucionarse aún con el pasar del tiempo y con la capacidad cognitiva o madurativa de los mismos, ya que era, como anteriormente se ha comentado, de origen inconsciente.

Dicho lo anterior, no es menos importante mencionar, que otro objetivo de éste libro, es lograr aportar conocimiento, retroalimentación y aprendizaje a los lectores sobre la sintomatología de la neurosis; los rasgos y caracteristicas que pueden presentar; su enmascaración; asi como las posibles gamas de exploración y solución que pueden presentarse para la misma; al menos en este libro, las que los casos mismos y su trayecto ya recorrido en análisis nos han permitido obtener.

No por ello, significa que el interes de éste libro se priorice reducir a un campo de lectura para profesionales o estudiantes de las distintas disciplinas que atienden dichas afecciones; se ha redactado en la mayor medida posible bajo un lenguaje sencillo y popular para la posibilidad de entendimiento y percepción clara del público en general de igual forma; aunque claro, no es posible textualizar todo de dicha manera sencilla por obvias razones.

Finalmente, deseo expresar mi emoción y gratitud para todos los lectores por quienes éste libro llegue a ser leído, esperando que aquel buen deseo, en son de satisfacción, enriquecimiento, aprendizaje, sorpresa, emoción y gratitud por quienes lo lean, pueda llegar a ser parte de la huella que en ellos (los lectores) deje de manera positiva.

LA PRINCESA DE CASA: UN CASO DE NEUROSIS NARCISISTA

Yoko, una muchacha apunto de ejercer la medicina profesionalmente y por la cual reside en esta ciudad desde hace un año y medio, llega al consultorio una víspera de otoño (estación del año que presta un gran toque de sensibilidad por sus escenas naturales y perceptuales) anteponiendo por sobre todo sus fuerzasególatras que la protejan de todo posible previo analisis bajo el descubrimiento, por medio de la mirada, a saber, de la resistencia corpórea que le sostiene, para asi evitar, todo tipo de invasión analítica sin antes probar ella que tanto el lugar, como la persona que se encuentra frente a ella, merecen la oportunidad de poder tratarle. Una mujer siempre respetuosa, firme, digna, con un destello de elevado estatus y seguridad inquebrantable; Casada desde hace, al dia de la primer sesión, ya tres años.

Una vez que comenzamos la sesión, y haciéndole hincapié previamente, que ese momento, más allá de una invasión al padecimiento que acarreaba, desconocido aun, solo se intentaría obtener la mayor informacion posible; De esa manera, podríamos intentar asomarnos a las posibles epifanías del >*patiens*< (padecimiento), nucleo del síntoma agresor que le invadia su temple. Siendo una mujer inteligente y segura, no era difícil hacerle comprender lo que se hablaba, tampoco poder saber por desde su propia catarsis lo que le ocurría desde iniciado el año en curso: depresión, baja autoestima, inseguridad, etc.; desde un inicio intento ponerse a la altura del lenguaje aplicado por parte de la práctica clínica, incluyendo una elocuencia médica bien definida;

es una mujer muy "casada" con su profesión, la amaba, le ilusionaba y deseaba poder llegar a ser un hito de la misma entre sus colegas-rivales; Rápidamente expreso lo que de manera inmediata podía otorgarle el intento de insigth, develando asi, que de inicios del año hacia acá (transcurridos entonces 7 meses aproximadamente) no se agradaba ella misma, en sus palabras "no me gusto al verme", lo cual denotaba de manera inmediata en el momento, una autoestima dañada concretamente, al igual que una inseguridad muy bien escondida tomando en cuenta, la proyección totalmente contraria que mostraba al exterior. Casi para cerrar la entrevista inicial que marchaba tras los minutos, agrego como parte importante, lo que despues, más adelante, a saber, y sin saberlo aún, seria parte fundamental del problema, y por ende, de la cura: "Hace 6 años mataron a mi padre".

Fue revelador al instante, por el tipo de personalidad que poseía, que era momento de iniciar el proceso de psicoanálisis, en la busqueda de una respuesta a ese saber-no sabido de sus propias ambivalencias proyectadas en el momento de expresar su fluctuosidad de insigth manifiesta, dicho de otra manera, de expresar lo que hasta el momento lograba, entre un extremo y otro del padecer, localizar o entender de sí misma para presentar a mi propio saber cómo ese nuevo diario en que guardaría de hoy en adelante sus más íntimos y oscuros sentires y pensares.

Dias mas adelante volvimos a vernos, esta vez, seria bajo otro tipo de interacción dinámica del contenido psíquico, ya no intentaría estructurar un cuadro de informacion coherente y entendible al respecto del padecer, esta vez, iniciaríamos lo que hasta ese momento, denotaba que sería un vasto camino de devenires dentro del consultorio; buscaría la manera de comenzar a desenterrar, aquello que, a saber, se encontraba dentro de ella como una autentica vodevil, que desde el inconsciente, lograba causar significativos declives emocionales y psíquicos en yoko.

Una vez ingresada en el consultorio, yoko confirmo lo que precisa, empero, inesperadamente sucedió de manera inmediata tras el cierre de la entrevista dias atrás diciendo lo siguiente: "Salí de la sesión y fui a comprar cigarros, la verdad, hace mucho que no fumaba, y ahora, me causa placer"; Se ha hecho presente una primer angustia, proyectada y compensada a su vez por medio del acto oral a nivel inconsciente; Esto, nos da un indicio para nuestro inicio.

La anterior acción-compulsión mencionada al respecto de los cigarros como cómplices de la tragedia amenazante y angustiosa que vivía yoko, fue un importante mecanismo de defensa por sublimación puesto en acción y más aún, interesante aunque complejo inicio; Por un lado, interesante, al denotar la manera tan pronta en que su inconsciente echó a andar un sinfín de circuitos a trabajar de manera tan ardua y tan decidida, que logro generar un árbol inmenso de conclusiones en su cabeza en el transcurso de la entrevista previamente hecha, lo cual a su vez, fue tan aparatoso encuentro con el mecanismo o modulo psíquico contrario, presentado como disparos subyacentes que se confrontaban de manera de emboscada sobre los límites de la acción catártica y/o abreaccional, que al salir de nuestro encuentro, necesito en manera de refuerzo ante el inmenso miedo (angustia) inesperado, eso que no esperaba [*la emboscada psíquica*], salir en busca de refuerzos para poder sentirse resguardada, cubierta, apoyada, vaya, a saber, complementada de aquellas inesperadas bajas durante el aparatoso encuentro; un objeto que complemente la necesidad o el vacío, para poder formar parte del propio *self* necesita primeramente ingresar, acción que connota la compulsión de fumar como acto de inhalación el propio cuerpo; Dejar entrar, lo que se está chupando del objeto simbolizado; El cigarro.

Por otro lado, complejo, pues esta abruptuosa escena que fulminantemente acciono sus funciones y mecanismos que se esperaban emergieran de forma más pasiva, nos incitaba que lo que estaba frente a mi entender, sería un caso que actuaría no solo de manera ambivalente y con gran oscilación, sino que podrían presentarse en gran medida, muchos astutos y audaces mecanismos inconscientes que lograran desviar la atención por sobre lo que debería ser en su momento, el sendero correcto por el cual mantenernos en la busqueda de la cura analítica.

Durante la elucida charla que se mantuvo durante la sesión, yoko se mostraba abatida, estaba siendo presa de una diacronía tan neurótica, una dualidad entre el placer y el displacer de la vida y por la vida, como aquella sensacion de un pintor al ver su gran creación despues de innumerables pincelazos, devenires de nuevas ideas y reproches contra su propia imaginación que al final concluyen en ese placer, placer de crear, placer de sentirse insuperable, pero que, a posteriori, encuentra la llaga que irrumpe su felicidad, la crítica de algunos "otros" en cuanto a la imperfección de su propio deseo de perfección, de las manchas en las que ahora se convierten aquellas líneas que anteriormente, en su propia fantasía a puerta cerrada, eran líneas puras y celestiales de una gran obra; Yoko, se sentia manchada de todos esos tintes, tintes neuróticos, tintes de insatisfacción ante la satisfacción imaginaria y eterna, símbolo de la escena infantil.

En un momento de la charla, Yoko habla de cómo es que el crecer, el madurar, seguir los lineamientos socio culturales que nos marca el sistema en que vivimos, le deja una gran herida narcisista, incluso en el nucleo familiar, y expresa: "Yo era la princesa antes para todos. Pensaba que la vida era ser feliz en todo momento";

Lo anterior, daba por entendido un punto clave, la felicidad que podría existir en ella, se encontraba de un modo suprimida en ese entonces y tal vez desde hace un largo tiempo; Al abordar este asunto, intentamos poder encontrar algún factor por más efímero y mínimo que pudiese ser en significado para ella, que le otorgara, al menos, un devenir de placer momentáneo, a lo que encontramos algo de manera concretamente consciente, amaba leer, pero no solo leer, sino le hacía feliz saber que lo que leía, palabras llenas de fria sensibilidad otorgadas por el ámbito médico para poder asi preparar a las más sensibles almas humanas con las más impensables tragedias de los otros, eran verdad, atacaban la sensibilidad, las fantasías, las ideas de lo perfecto y hermoso, pero te hacían, en sus palabras, ver el mundo en que vivimos realmente y conocer, sobre las personas que nos rodean en el mismo. Sin embargo, de manera casi instantánea, el espectro neurótico se apoderaba de nuevo de ella y la hacía entrar en ese mundo de insatisfacciones, lleno de sombras oscuras y vacías que le incitaban a poder llenarlas con alguna cosa: la fantasía de sentirse perfecta en un mundo perfecto; fuerza narcisista con yagas de angustia. Yoko expresa: "necesito ser esa princesa, a la que le sale bien todo", y agrega al tratar aspectos de su infancia en casa y para dar fin a la sesión: "yo era la consentida, se cenaba lo que yo queria, se hacía lo que yo queria". La sesión finaliza.

Yoko, provenía de la ciudad de México, razon por la cual se puede entender desde una lógica ortodoxa, que, a saber,
vendría, en sus muchas posibilidades, arrastrando su conflicto hasta este lugar; Un viaje largo, donde la neurosis misma se deleitó con la comodidad de viajar como cualquier "loco" aventurero, de expandir sus habilidades enfermizas como las grandes migraciones de algunos animales para evitar el invierno o a sus depredadores, o en todo caso, para buscar un hábitat más ideal para su reproducción, preparándose para disfrutar de sí, lo máximo al llegar a su destino, y claro, un disfrutar disfrazado de goce, goce de enfermedad, goce de malestar, goce de perturbación.

Mientras las sesiones continuaban, Yoko comenzaba a develar una especie de pronta abreacción entendiendo por esto que comenzaba a sentir ese "algo" que ocupaba salir, algo desconocido, escondido entre esa cascada de emociones que develaban su necesidad de existir durante cada momento; Algo le perturbaba, pero no tenía acceso aún ha dicho espectro. Comienza a tener lucidez en sus ideas secuencialmente, estaba tratando de asimilar realmente, más allá de sólo la idea y la palabra, más allá de lo imaginario, que no podía ser la princesa de casa que siempre amó ser, y fue justamente esto lo que dio paso a este espectro desconocido que intentaba eclosionar entre sus distintas barreras psíquicas desde lo profundo de su abismo emocional, posteriormente devela: "Soñé estar *encerrada y buscaba escapar"*.

Es claro, que el contenido inconscientemente buscaba escapar de algo, a saber, de sí misma, emanciparse de sus propias obsesiones, ataduras y fijaciones por el éxito y la perfección, situacion que la tenía atada al sufrimiento irracional.

Pareciese que Yoko, hacia honor engrandecido al método mayéutico de Sócrates, y consecuentemente hablaba de sus razonamientos lógicos de lo que debía hacer y no hacer para poder así, lograr sus objetivos, en sus palabras, *"dejar fluir el presente"*, sin embargo, seguía siendo presa la mayor parte del tiempo por esta fuerza inconsciente que le acechaba no sólo el momento actual, sino el mismo futuro y su infinita vertiente de posibilidades de fracaso personal y profesional.

Yoko era poseída por un optimismo autentico, más sin embargo, presa del miedo, un optimismo vulnerable a toda idea y fantasía negativa, le era frustrante no poder controlar todo de manera que pudiera sentirse segura, sin posibilidad de equivocarse, de fracasar, sin la necesidad de preocuparse por la sola idea de un posible rechazo en sus metas, buscaba perfección, perfección con la que creció y vivió por mucho tiempo, pero al fin de cuentas imaginaria; Posteriormente hará el comentario: *"Pensaba que todo era perfecto, lo que tenía... y no, veo que hay problemas"*.

Durante un momento del discurso en cierta sesión, Yoko hace un comentario que da luz a un nuevo síntoma a sumar en el análisis, a saber, el conflicto con la autoridad, pero no sólo autoridad desde la posición de jerarquía profesional, sino como oponente de la razón y la imponencia de dicho saber; Yoko, comentaba lo difícil que era para ella lidiar con esta interdicción simbólica, una persona que la manera en que le describía (Yoko) era como una mujer sumamente preparada, con una excelencia de intelección y claro, una persona que imponía su autoridad e ideología; Yoko la describía a regañadientes con una admiración tan escondida bajo la sombra de la rivalidad y de una meta inalcanzable, que simplemente no podía aceptar que su jefa, no le diera la razon en todo, o más bien, más allá que darle la razón, que le negara dicha razón, una posición inverosímil al narcisismo de Yoko hasta ese momento, neuróticamente activo. Lo anterior, volvía el dia entero para Yoko en un infierno, horas y horas de frustración, de coraje, de estrés, etc.

Cuando nos vemos en sesión despues del acontecimiento mencionado, y tomando en cuenta el señalamiento que desde un inicio le hice al decirle: "el analisis no se queda aquí en el consultorio, se va contigo tras los dias entre sesión y sesión", llega descansada, su relajación era pronunciante; ¿Qué fue lo que sucedió?; En el momento de aquel marcado acontecimiento bajo el síntoma del odio/rivalidad contra su jefe/rival, logre que pudiera sugestionar de manera adecuada dicha idea de lo que su jefa representaba para ella y el papel que le otorgaba ella misma sin darse cuenta que era ella, quien le estaba dando la jerarquía más alta, más allá aún de su propia posición profesional; Yoko comenta haber estado muy pensativa y entender que el valor que ella le estaba dando en su vida era justamente el pase principal al papel monstruoso que estaba proyectando en ella, que oponerse a la autoridad no tenía sentido alguno para los objetivos que ella tenía ya establecidos , suprimidos hasta el momento inconscientemente;

principalmente, la forma en que le exhorte a actuar con inteligencia (acto que le provocaba generalmente gran deseo y satisfacción a su persona) más que compulsivamente, cuando las compulsiones, actuaban de manera camuflajeante contra ella misma en realidad.

Comentó que la interpretación sobre una posible emancipación de ella misma en un principio le causaba algo de risa, pero que le fue inevitable quedar sumamente pensativa sobre ello, y que al final, deducía que tenía razón; A lo anterior agregara posteriormente: *"...y me ayudaste mucho, si no, de seguro ahorita ya estaría pensando cómo hacerle daño(a su jefa)"*.

Como en ocasiones pasadas, logramos abrir la puerta a la abreacción ocasionalmente una vez más, habia logrado sugestionar de manera adecuada algunas pulsiones neuróticas de las cuales el análisis peligraba, pero el espectro neurótico es sumamente audaz, y se pasea por entre los ductos yoicos e inconscientes a su placer, lo cual le otorga la gran ventaja por sobre la conciencia pura, ventaja que volvía a imponer sobre Yoko tras cada abreacción lograda; Cuando intento ratificar que se encuentra en un momento lúcido de su propio yo, hablamos sobre deseos inmediatos que ella quisiera fueran parte de ese momento de su vida, a lo cual, menciona cinco deseos en los cuales todos buscan el placer propio bajo el disfraz del buen deseo ajeno, en otras palabras, todos los deseos se inclinaban a poder brindar felicidad o tranquilidad a "otros", pero que de manera automática, generarían un ápice de placer y satisfacción para ella misma primeramente. Sin embargo, esta aparición del síntoma neurótico no fue del todo contraproducente para el análisis, el análisis tambien tiene su propio juego inteligente a partir de sus mecanismos defensivos, y en este desbordar del espectro neurótico, aparecería al final de la sesión lo que sería nuestro segundo punto principal en lo que aún no sabíamos, a saber, sería el final de este conflicto. Yoko dirá: *"Me cuesta mucho trabajo lidiar con la muerte, con la pérdida"*.

Durante este periodo se presentó un espacio de aproximadamente dos semanas en que Yoko le dieron vacaciones en el hospital, ella partió a pasar tiempo con su familia y su pareja >víctima de los celos, síntoma de la inseguridad que le acechaba desde el inicio< dejando así en el aire el riesgo de una recaída en el análisis, riesgo que al volver, se hizo presente.

En sus palabras, el tiempo de relajación y diversión fue fructífero, lo disfruto y todo parecia "estar sobre su lugar", sin embargo, dos días antes de regresar, presa de un episodio de celos tras dejar de nuevo el objeto de deseo (pareja) sin su vigilia, sin su control narcisista y de posesión neurótica *>y que este, será nuestro último eslabón en el triángulo de la cura analítica<* decide revisar el celular de su pareja mientras él duerme, y como dicen coloquialmente, "el que busca encuentra", al final de cuentas, buscar lleva como objetivo el encuentro con "algo", en todo caso, un acto coherente despues de todo; en fin, tras la irrupción de la privacidad ejercida sobre su pareja, encuentra en sus palabras: *"… una carta, donde me entero que durante nuestro aniversario de bodas se besó con esa otra mujer, planeo un viaje por igual con ella que los que planeo conmigo, lo mismo, a los mismos lugares, incluso, le decía princesa igual que lo hace conmigo…"*.
Aún despues de lo acontecido, Yoko mantuvo la compostura cuanto tiempo posible le brindaron sus defensas yoicas, como

dice, "mantuvo la cordura", empero, agregara más adelante: *"... íbamos en el carro, y cuando me dijo princesa sin saber que habia mirado su celular, explote y le dije todo..."*; Esto ocurriría un día antes de su regreso a Culiacán. Yoko y su pareja mantuvieron comunicación hablando al respecto de lo sucedido, información que sólo les concierne a ellos por lo cual no abusare de su privacidad en este relato, sin embargo, al final, Yoko decidirá perdonarlo y dar oportunidad a que la situación entre ambos hasta ése momento un tanto abruptuosa, salga adelante si es posible, apoyándose claro, del proceso aún por continuar de su análisis y haciendo caso inteligible de no tomar decisiones de suma importancia e inestables a su conciencia durante su proceso analítico.

Esto no significó que Yoko no pasara por un duelo secuencial, durante algunas sesiones hacía alusión al siguiente comentario: *"hubiera sido más facil el proceso de haberlo dejado que éste proceso de estarlo perdonando"*. Este malestar, ausencia de pertenencia, de fidelidad, de placer, de ilusión, provocaran en Yoko una proyección de rechazo hacia el objeto más inmediato como mecanismo de desplazamiento para sobrevivir a este ataque de destructivity que inviste sus emociones, que se apuntala sobre su ser, objeto que será representado en forma de silogismo (lógica Aristotélica), donde se presentara un rechazo hacia la ciudad y su gente a donde ha regresado justo despues de la catástrofe ocurrida para su psique; Dicho silogismo seria representado de la siguiente manera:

Yoko odia a la ciudad de Culiacán,

Las personas que viven en la ciudad, son parte dé/pertenecen a Culiacán,

Entonces, Yoko, odia a las personas que viven aquí

Esta proyección tendrá su paso al acto durante una visita a un banco de la ciudad; Yoko, mientras hace fila y tras la desesperación de ser atendida, se da cuenta que una de las cajeras de dicho banco no podía hacer las cosas con la rapidez y efectividad que sus semejantes, y claro, que sus deseos exigían, posiblemente, era una empleada nueva que se trataba de adaptar al trabajo; Sin embargo, esto no fue comprensible para Yoko, necesitaba depositar en un objeto exclusivo esa pulsión destructiva que le acechaba para poder liberarse un poco de esa fuerza; pero, ¿liberarse de qué?, ¿Qué era lo que a ella investía que necesitaba sublimar para no caer presa de dicho ataque simbólico?; Yoko llega a sesión aquejándose de esta muchacha diciendo: "...*es una tonta, nunca hace nada y siempre pide ayuda*", despues de un tiempo le comento, a posteriori, si cabría la posibilidad de que este discurso aquejado y estos señalamientos culposos y denigrantes pudieran ser un discurso que intentaría decirse ella a sí misma, como intentando poder escuchar "de paso" lo que para sobrevivir, intentaba depositar sobre el temple del "otro", a saber, de la mujer del banco. Lo anterior, sin saber aún en ese momento su efecto, podría en su mejor concluir, una introyección que nos brindaría un paso adelante en el análisis, posibilidad que despues sabría, asi ocurrió. La sesión concluyo despues del último comentario sin más.

Desde un inicio, jamas había presentado Yoko en lo más mínimo, una resistencia al análisis como tal, pero ese día, tenía que llegar, como ese final que regala la naturaleza a la más bella flor y como lo hace a la vida misma, de otro modo, que tanto se valoraría lo vivido, sino al conocer el final; Yoko aparece en el consultorio, se acomoda en el diván, y posteriormente, apenas comenzamos nuestro discurso, me doy cuenta que mientras habla con su conciencia, su inconsciente comienza a actuar al mismo tiempo, como intentando comunicar algo, Yoko incesantemente hacía movimientos concurrentes e impulsivos por algunos segundos intentando romper una de las reglas plasmadas en un inicio: no girar hacia conmigo; lo intentaba, hablaba, y movía su cabeza oscilatoriamente una y otra vez por alrededor de quince o veinte segundos, cuando le hago la observación en manera de pregunta sobre si desea verme a los ojos, el movimiento se detiene, el inconsciente se ha quedado tan quieto como un sospechoso en medio de una redada y su consciencia ha retomado el control total. Sabía que esto era una manera en que el inconsciente queria darme un mensaje, algo ulteriormente significativo se presentaba en esta anomalía no suscitada nunca antes con yoko, pero aún no sabía de qué se trataba; la sesión continuó.

Comentaba que finalmente se habia dado la oportunidad de socializar e interactuar un poco más con quienes le rodeaban actualmente sin poner barreras de por medio, salió a lo que en sus palabras llamó una *"noche mexicana"* con sus compañeros médicos, esto a su vez, le genero ciertos conflictos posteriormente con su pareja, pues llego de dicha noche a las 4am y tampoco le habia avisado que saldría de fiesta, y sumado a esto, no le respondió las llamadas ni mensajes esa noche. Sin embargo, sus palabras ante dicha situación fueron *"no sé por qué pero me siento bien, como que lo hice inconscientemente, como que siento que me vengue, me siento satisfecha, sé que está mal pero fue co2mo decirle que yo tambien puedo"*.

Despues de haber ocurrido los hechos anteriores y algunas otras cosas en los siguientes dias, al parecer la tensión que causaba esa posición pusilánime hacia las otras personas que le rodeaban logro desintegrarse de cierto modo, comenzó a ser más amable con todos en general, más tranquila, al parecer, tuvo una nueva comprensión al respecto de su propia frustración la cual depositaba en los otros, que era lo que realmente se encontraba allí en esa energía tan negativa que le invadia y que era lo que intentaba o deseaba con ella misma, esto la libera de ideas incongruentes y equívocas, permitiéndole asi poder separar lo que ella creía que sentia hacia las otras personas y lo que en realidad sentia pero sin tener ahora un objeto de depósito elegido, ya que en efecto, no lo sabía, pero habia logrado comprender, al menos, que no eran esos otros los culpables de dichas emociones.

Yoko comentaba que sentia que no sabe seguir órdenes, se preguntaba a sí misma si tendría realmente problemas con la autoridad, lo que nos llevaba a indagar un poco sobre dicho aspecto en relación a sus progenitores, yoko comenta: "*nunca me regañaron creo, solo una vez mi mama me pego una cachetada a mis 19 años por llegar tarde y ebria y ponernos al tú por tú y no avisarle nada*"; esto, seria en un último momento, el nucleo de toda esta historia, pero aún faltaba tiempo para darme cuenta de ello por concreto. Aunado a lo anterior, comenta que en ese tiempo, tres años más tarde, sus padres se separarían, ella estaría del lado de su madre y enfrentaría furiosamente al padre acusándole e insultándole de manera muy hiriente, juzgándole de mediocre, mal esposo, entre otras cosas, ella recibiría una cachetada de parte de él, y ella se lamentaría muy fuertemente por largo tiempo no encontrando la forma ni las palabras de pedirle disculpas por ese acto impulsivo y de tanta animosidad, ya que reconocía para sí misma, que merecía esa bofetada por el irrespeto que le habia dado. Aquí aparecerá un punto significativo al cual comenzamos a llamar como "bofetada simbólica", refiriéndonos al acto en que ella misma, al comenzar a vivir bajo dicha culpa, intentaba agredirse a sí misma con otro tipo de ideas y emociones negativas, dolorosas, una anhedonia en su globalidad, para de esa manera poder sostener simbólicamente, el lazo de amor con su padre, el cual se habia visto trastocado por su actuar.

Despues de la separación de sus padres, relata que vivieron dos años complicados, el padre se olvidó de ella y sus hermanos, dice en sus palabras que no le importaban en lo más mínimo, solo le importaban sus propios problemas, sus bebidas, sus emociones depresivas, etc.; Sin embargo, posteriormente, el padre reaparece por su propia cuenta, se acerca de nuevo, y con algo de esfuerzo crea un vínculo de nueva cuenta con sus hijos, y a partir de ahí, yoko cita: *"...y tuvimos cinco años muy buenos de relación todos antes de su muerte"*. Pero se presentó entonces en continuacion a lo anterior algo que llamo mucho mi atención y que daría forma a esta nueva revelación que pasaba en el analisis despues de la escena de la bofetada de la madre; Yoko comenta que solía salir mucho con su padre ahora ya en ese entonces, pero su padre no actuaba para nada coherente con su rol paterno, él presentaba a yoko con las personas como su novia (yoko comenta que lo hacían de juego y hasta el momento no le causa ningún problema), a su padre no le agradaba que yoko le llamara "papá", él prefería que le llamara "Charlie" o "Carlos", dice yoko: *"éramos súper cuates, era un juego entre nosotros, el consumía drogas, al grado de fumar con él a veces, me hablaba de todo"*, sin embargo, lo que absorbía toda mi atención, no era del todo ese juego edípico distorsionado que jugaba el padre el cual podría estar influenciado por las drogas claramente en parte, sino el papel que ella misma asumía dentro de dicho "juego".

Concluyo despues de algún rato, que yoko estaría sin darse cuenta tomando el papel de la madre, esposa de su padre, quien ante la culpa que vivía dentro de ella de manera inconsciente aún, le hacía aceptar ser esa mujer, que en el delirio del padre bajo la droga, lo aceptaba y lo amaba, lo comprendía y lo acompañaba, como era antes de dicho problema de drogadicción y la posterior ruptura de su relación, esto, como una manera de compensar el daño que sentia le habia hecho a su padre con aquellos insultos, daño que introyectó por parte de su madre a su padre, al verlo en dicho abandono y en ese nuevo estilo de vida tan depurante. Sin embargo, aparece otro dato, yoko no sólo representaba en su padre la figura de amor de esa mujer quien fuese su esposa tiempo atrás, sino tambien en otros momentos, el papel de su hermano, quien fue corrido de casa por ambos padres tiempo atrás cuando aún eran pareja, tras confesarles que tenía una preferencia homosexual, fue maltratado verbalmente y echado de casa a pesar de ser muy buen hijo en palabras de yoko; Al parecer, el padre, buscaba en yoko todo lo que habia perdido en algún momento, intentando compensar simbólicamente, vaya, inconscientemente, todos los errores que habia cometido vinculados a su familia, mientras tanto yoko, sin darse cuenta, estaba dando la actuación de su vida, interpretando dentro de la fantasía, dos libretos en una misma escena. Cuando yoko hace un recuento consciente de todo lo anterior, siente como si se hundiera en penumbras tan oscuras como la desilusión que vive un niño que descubre a su padre poniendo el dinero del ratón bajo la almohada, sin embargo, por otra parte, comienza a tener un alivio lúcido que parece ir eclosionando dentro de ella como la revelación del enigma de su propia vida.

El analisis continuo su proceso sin viraje alguno como mejor iba siendo posible elaborarlo, adaptándonos al momento de la sesión, influyéndonos del material discursivo que anacrónica y diacrónicamente se suscitaban, asi como confrontando las revelaciones, inquietudes, dudas y distintas clases de epifanías presentes. Entre las sesiones en dicho tiempo, volvimos de repente como por efecto de búmeran a la parte en la historia donde su padre habia muerto; Yoko relata que su padre le invito a salir cierto dia por la noche a divertirse un poco, a pasar un agradable momento, pero ella estaba cansada, era noche y no deseaba salir, él pareció comprender, ella prometió ir a verlo al siguiente dia como una mejor opción; la escena posterior fue cómo yoko fue informada entre la madrugada y la mañana, que su padre, habia muerto; Quedo en shock, la invadio una inmensa oscuridad, se fragmento toda emoción existente en ese momento, gritaba, lloraba, entre un estado histérico total, y termino unos minutos despues, por salir corriendo de allí. ¿Qué sucedió con el padre?; esa noche, despues de colgar con yoko y haberle prometido irse a su casa a descansar para evitar que yoko se quedase preocupada, frente a su hogar, se encontraban un vecino y otros dos sujetos pasando un buen rato mientras bebían alcohol, le invitaron y el padre de yoko no dudo en acompañarlos, estuvo buen rato allí hasta donde yoko sabe, al parecer tuvo una especie de discusión durante ese rato con uno de los sujetos que se encontraban allí, en algún momento decidió irse a casa, pero la escena siguiente que se conoce es el padre de yoko tirado en la banqueta, muerto; no saben quién lo hizo, ni las razones hasta la fecha, los vecinos dicen no saber nada, dicen que ya no estaba afuera cuando ocurrio eso, jamas se supo que sucedió realmente, y yoko, simplemente se resignó a no saberlo, pero tampoco ha desearle mal a la persona que lo hizo, pues ella comentaba que logro encontrar tiempo despues el perdón en dios, y que no odiaba a la persona, que simplemente sentia mucha tristeza y lastima por él. Sin embargo, yoko no sabía que al saber esto, se habia revelado una de las partes más importantes del analisis, esa parte donde muchas cosas cobraban sentido, a saber, esa situacion neurótica en que yoko vivía, y con la cual cargaba desde hace siete años. La asociación que en ese momento aparece en el espacio simbólico del consultorio era, que yoko habia culpado a su padre, lo culpaba desde hace siete años por no haberle obedecido en irse a casa como le ordeno (en sus palabras), sin embargo, esto no sería más que la proyección de la escena en que ella misma desobedeció a su madre, la única ocasión en que su madre le habia abofeteado por irresponsable y por no obedecerle, la única ocasión en que su padre habría muerto, *por irresponsable y por no obedecerle*; Yoko cargaba con dicha culpa desde aquel dia, y el dia que su padre aparentemente hace lo mismo que ella hizo y muere, en medio del conflicto tan atroz, de esa niebla de tragedia que le cubre por doquier, en medio de ese dolor tan penetrante como una daga en el centro del alma, en medio de todas esas ilusiones, recuerdos y deseos abatidos, y a su vez, en medio de esa inmensa necesidad de sanar esa auto culpabilidad que le habitaba por haber corrompido esa imagen de hija perfecta que tanos años llevaba siendo, y en esa co-necesidad de culpar a alguien por ese error, lo único que su mente logro hacer para intentar poner calma a ese apocalipsis psíquico que estaba viviendo y poder de alguna manera mantener el control, fue culparlo a él, a su padre, tanto por no haber hecho lo que ella dijo y proyectar ahí el conflicto filial-parental que hacia vivido, como por la necesidad de hacer responsable a alguien por dicha perdida y no tener siquiera una opción o noción de quien lo pudo haber asesinado y las razones que lo llevaron a tal acción.

Posterior a la sesión en que todo esto es presentado en el discurso del análisis y la cual fue larga y agotadora, yoko comienza a sentir cierto coraje, contra una imagen, contra algo desconocido, a saber, contra esa sombra que ahora, en su mente, representaba la imagen subjetiva del asesino de su padre; comienza a desprenderse de la culpa, ah sentir una ligereza extraña, un alivio, y una apertura tan relajante que destensa hasta el nudo más caótico; Se da cuenta que culpaba a su padre porque no tenía a quien culpar, y por qué a su vez, estaba muy molesta por que no hizo lo que ella dijo, o más bien, por que hizo lo mismo que en algún momento ella (yoko) hizo, y deseaba no haber hecho jamas. Las lágrimas brotan de sus ojos sin detenerse, con la desconsolación y el dolor que por años no se permitió vivir, por la aceptación de la perdida y la melancolía que le provocaba recordar, por la liberación de aquella fuerza inconsciente y desconocida para ella que simplemente le hacía sentir mal, le hacía sentir que la felicidad no existía realmente y que su propio existir no tenía sentido.

Antes de terminar la sesión yoko dice tranquilamente y con tono de voz tan apacible y regocijante: *"Vaya, algo tan facil de comprender, y no lo vi, lo eh cargado todos estos años"*, respira profundamente y la sesión finaliza; ella se va en silencio, pero en paz.

En los encuentros ulteriores yoko mostro una diferencia notable, hablaba de su padre, de sus sentimientos, de sus emociones, de sus recuerdos y lo significativo de cada uno de ellos, pero tranquila, rodeada de calma buen juicio; Claro, esto dejaba eclosionar emociones tristes ahora aunque esta vez dentro de un rango sano o adecuado por decirlo asi, mas no dejaba de ser un sentir melancólico. Yoko empezó a hablar sobre la unión que tenía con su padre a manera de recuerdo, de los objetos simbólicos que representaban en ella dicha unión, entre los cuales sobresalía uno, la luna del mes de octubre, yoko decía que la razon es que era la temporada en que más grande se veía la luna, y habian acuñado esta hermosa imagen como ese momento, frente a ese objeto, que juntos disfrutaban increíblemente; Junto a estos recuerdos, devinieron sentimientos que no tardaron en hacer su trabajo y manifestarse, entre algunas cosas que pueden dar una idea de lo que pasaba, yoko decía: *"necesito un abrazo"*, *"solo sé que me hace falta"*, *"… y es curioso, si estuviera tampoco lo vería actualmente"*; El insigth hacia un gran trabajo.

En un ulterior encuentro, yoko quiso tomar la iniciativa hablando al respecto de una decisión que habia tomado durante los dias anteriores despues de haber mejorado notablemente su sentir, impulsada indudablemente por esa fuerza conformista que caracteriza al humano, sin embargo, ella no se permitió dicha conformidad al final; Yoko decía reconocer los avances que habia tenido hasta el momento en al análisis y que se sentia mucho mejor indudablemente, así que habia llegado a pensar de manera inmediata, por impulso, que ya no necesitaba la terapia, pero al momento, uso ese razonamiento que tanto le caracterizó desde un principio, y decía entender por otro lado, que no era necesario tener que sentirse mal para llevar las sesiones psicoanalíticas y que era algo muy sano, asi que habia decidido, de final, continuar su analisis como hasta el momento, aunque de antemano sabíamos ambos, que pronto le tocaría mudarse ya de la ciudad estando ya en el cierre de sus actividades profesionales que ejercía en este lugar.

Nuestro analisis continuo como concurridamente era llevado a cabo, con la excepción de dos cosas que aunque estaban presentes en nuestro espacio subjetivo, no las tomábamos en cuenta de manera conciente durante nuestro tiempo compartido; por un lado, el análisis se habia convertido en una segunda parte del análisis de Yoko, como una especie de continuacion de una película la cual ya tuvo un final previo, y en el cual (análisis) se presentó sigilosamente una representación del conflicto narcisista que le atenuaba como sombra y su emancipación de aquella tan juiciosa y obsesivamente cerrada perspectiva sobre quien era culpable de haberle causado tal dolor, el de arrebatarle a su padre, ya que claro, para la comprensión humana, necesita haber un culpable, sea o no acertado el señalamiento, para no caer en una crisis mental y emocional en el peor de los casos y como suele suceder durante el ciclo del duelo, y justo como le paso a Yoko, el único culpable por algún tiempo es uno mismo, aunque en yoko, el problema en realidad era, que se culpaba a sí misma no sólo por no haber encontrado a quien culpar de manera objetiva fuera de su dolor interno, sino porque ese hambre de poder, de ser quien tiene el control, le regalaba la satisfacción de sentir que al ser ella la causa de tal suceso a pesar de doloroso, seguía siendo quien tiene el mando, el poder, seguía siendo la base de lo que ocurría, seguía siendo ese algo glorioso que bajo su causa y consecuencia provocaba el destino a ocurrir de otras personas. Y por otro lado sabríamos, más delante, que salir de esta nueva aparición narcisista, de poder, seria nuestra última tarea, sería el final de nuestros encuentros.

Yoko relato durante los ulteriores encuentros, que habia tenido algunos "roces" con algunos compañeros en su estancia médica, lo cual la habia hecho sentirse de alguna manera amenazada, pues le hizo tomar una posición un tanto punitiva hacia dichos colegas; estaba muy molesta, al parecer estas personas que señaló menospreciaron o al menos así lo sintió ella al momento de tomar una decisión que a ella le pareció completamente inaceptable su preparación y su palabra para poder tomar en cuenta la mejor opción a llevar a cabo en cierta situación que se presentó en el centro médico.

Yoko explotó, fue agresiva verbalmente, pero sin perder inteligibilidad en sus palabras como le era característico, al grado de realmente hacerle sentir muy mal a quien responsabilizó en su perspectiva neurótica, contra la cual hacia su trabajo de insigth como solía hacerlo a menudo, yoko dijo: *"me doy cuenta que con las palabras y la intención de hacerlo ver mal yo lograba verme bien, simplemente, sigo manipulando las cosas"* y posteriormente dirá: *"en el inconsciente sé que yo habría actuado igual que él en esa situacion"*; en ese momento no estaba seguro si yoko, intentaba realmente equilibrar su esquema mental de lo sucedido al reconocer que ella, bajo ciertas circunstancias se podía encontrar en una misma postura de lo aquejado previamente, o si este reposicionamiento en el lugar de los hechos estaba representado solamente por el deseo de ser ella el símbolo de éxito, quien ocupaba estar en esa posición en su esquema donde estaba reconociendo que quien estuvo allí, habia hecho las cosas como mejor lo habian permitido las circunstancias.

Me contrapuse a yoko y a su discurso intentando hacerle reflexionar sobre un gran detalle, tenía un deseo inconsciente por hacer sentir mal a otros, un deseo real, tal vez no con la malicia de un psicópata, pero si con la malicia de un ególatra que disfruta, que goza de esa habilidad que posee, de esa sensación de ser quien pasa y está por encima de otros, de ser reconocida como la que puede más o la que lo puede todo.

Yoko hablaba de la dificultad que para ella conllevaba poder reestructurar dicha comprensión en su mente, relataba que no lograba meterse en la cabeza de lleno que ella tenía la habilidad para hacer sentir mal a otros con alevosía y ventaja de dañar, y que eso no era algo bueno, porque no lo tenía bajo control, sino que lo usaba impulsivamente. Incluso narró durante una sesión, que cuando era pequeña, al pelear con su hermano, lo hacía pegándose ella sola fuertemente y acusando a su hermano para así lograr el cometido; dejaba en ella misma, las huellas de la agresión previa, previa a las palabras falsificadas de ingenuidad y fragilidad, lo cual le brindaban un indisoluble éxito.

Ella decía que solía luchar mucho contra esa energía que le poseía consecutivamente, principalmente en los momentos de arrepentimiento cuando su conciencia volvía por decir así, ah tomar el panorama del periférico psíquico completo; Ella sabía que todo esto era su egocentrismo, lograr hacerse sentir a ella misma que ella podía más que el otro o los otros; en ese momento las preguntas que rondaban mi cabeza eran: ¿Acaso compite contra el mundo?, ¿O será acaso un simple episodio de narcisismo secundario?, ¿O en dado caso, será que es un deseo no controlado de maquillar fuerzas maquiavélicas que le habitan inconscientemente?.... Despues seria: ¿Acaso se lograron controlar algunas de estas fuerzas oscuras en algún momento o solo se suprimieron?, ¿O es acaso que en realidad no estaban definidas aún en su plenitud?, ¿eclosionaron?... último momento posterior: ¿Se siente atacada?, ¿Teme que le quiten algún lugar simbólico?, ¿Es miedo o deseo de algún reconocimiento en especial?; Luego ella comentaría:

"sé que actuando así voy a ser más reconocida, es como una ansiedad que me consume por ser reconocida", y claro, habría que hacer la pregunta obligada, ¿reconocida por quién?. Yoko se daba cuenta de lo perverso que era la doble moral con la que se desenvolvía y lo dañina que podía ser al actuar así mientras los "otros" no ven lo oscuro de sus actos pero ella si lo sabe en su interior; despues de esto, habría que confrontar dicha visión de la realidad de yoko, necesitábamos encontrar el sentido, profundizar en su inconsciente y entender que era lo que la empujaba a tal moción auto-destructora.

Un tiempo más adelante, pudimos desentrañar la complejidad de esto que estaba ocurriendo con yoko y sus impulsivos actos agresivos, la persona que habia causado tal molestia en yoko, era un colega de rango menor en la jerarquía médica como dirá ella, y con lo que dijo en su momento hizo sentir a yoko que la ponía en riesgo, que minimizaba su puesto jerárquico por el que tanto habia luchado, su profesión, sus años de estudio, sus agotadores desvelos y sacrificios, ya que a causa de lo anterior, yoko sentia que podría haber sido culpada o afectada por algo de lo que ella no era culpable en caso de no salir de manera positiva. Pero ¿por qué le causaba un conflicto a grado de contragolpe, a grado de una defensa hostil contra aquella persona?, ¿qué es lo que vio o en todo caso, represento en aquella persona que le hizo tomar dicha posición?, esa era la nueva incógnita.

Tras analizar detenida y sigilosamente lo ocurrido, durante una sesión posterior, logramos entender qué, la molestia de yoko tan fuertemente proyectada, no era más que un posible último acto de liberación de aquella angustia que cargaba a manera de culpa por el suceso de su padre; pudimos comprender, que la molestia tan grave que yoko habia sufrido, no era mas que la representación ultima de estar en el lugar de aquellos culpados por ella por la muerte de su padre al atentar contra la vida de alguien más cuando no era correcto, no debía ser así, y ella se sentia en dicho plano al momento de sentir que la decisión que le habian quitado de su poder en medio de aquella emergencia podía resultar en ser ella la culpada, la responsable por el atentar contra la vida de alguien más, a saber, el paciente por sobre el cual se generó dicha controversia psíquica; Sin embargo, esto tuvo a su vez un doble efecto, al momento de yoko haber sentido esa fulminante angustia de ser la responsable, la acusada, de aquella posible tragedia, y al representarla en la responsabilidad sobre la muerte de su padre y no desear en quienes ahora para su ver sabía que habian sido los responsables, a saber, los asesinos reales, aun despues de no saber en realidad quienes hayan sido, le permitió completar su último paso a liberarse de dicha angustia, de dicha culpa, de dicho sometimiento y de dicho control inconsciente narcisista, pues yoko, al no desear ser quien estuviese en esa posición de culpa, de responsable, de él que atenta, se estaba liberando de su propia auto culpa, de su propia auto-responsabilización por lo sucedido de manera concreta, de manera inesperada para sí, pero reveladoramente desangustiante.

Esa sería la última vez al parecer que vería a yoko, ella se fue tranquila, se fue descansada y con esa mirada de satisfacción y lucidez, habia llegado el momento de irse de la ciudad, aunque no era tan lejos sino sólo un cambio de residencia, las cosas ya no serían igual, claro estaba que yoko, ya podía seguir su vida bajo sus propias condiciones, aunque claro, sabía de antemano que podía volver cuando lo desease o lo necesitase. Tres o cuatro semanas despues anduvo por aquí en la ciudad, me visito una vez más, todo iba bien, hacia su esfuerzo por mantener la cordura y el equilibrio pertinente en su vida diaria tanto en el contexto afectivo, como en el profesional y en el personal; la sesión paso rápido, yoko se despidió y se fue; de vez en cuando me toca ver alguna actividad suya por redes sociales, siempre es un gusto saber que no me ha necesitado, señal de que ha ido bien sobre sus pasos, señal que pudimos salir adelante.

ADOPCIÓN DE LA HOMOSEXUALIDAD: UN CASO DE PERVERSIÓN NEURÓTICA

La mayoría del tiempo una de las sensaciones más inquietantes que abordan al ser humano con grave insatisfacción vestida en ocasiones de ansiedad, de estrés, de agresividad o desesperación, es el desconocer, no conocer o no tener razón válida sobre algo que es de vital importancia para lo que como personas llegamos a pensar, a sentir y a ser.

Arab es un chico de 19 años en el momento en que entró a mi consultorio, estudiante de 2do año de medicina y que manifestaba estar en medio de un momento de depresión en su vida sin definir del todo con claridad la razón; Durante la infancia habia sufrido en sus palabras "abusos de todo tipo", desde verbal y físico, hasta bullying y abusos sexuales; Claramente no es opción por ningún motivo discriminar el resto de abusos que menciona, pues todos son importantes tras los espectros y las sombras con las que cargamos y que definen nuestra persona actual aun cuando no lo hallamos elegido en sí; sin embargo, creo que podemos estar deacuerdo cuando existe la razón de una llamada de atención mayor en la mención de los abusos sexuales durante la infancia, claramente, arab intentaba decirme algo que aún, para nuestro primer encuentro, no le era nada sencillo.

Estaba claro que arab estaba pasando por momentos muy desagradables en su vida, pues habian emergido en él esos deseos tan incansables e insaciables de poder entender lo que sentia y lo que no con claridad en medio de una oscilación disociativa de emociones y sensaciones, y claro, una polisemia de ideas al respecto de porque de pronto su vida, su tiempo, sus dias no tenían tranquilidad, felicidad y claridad; un diacronismo de la propia identidad que muchas veces, la mayoría, si no es que siempre, todos llegamos a pasar.

En esta ocasión no era solo un mal rato que pasar durante la juventud, era en realidad un deseo por entender y conocer la propia persona, el propio Yo, entender por qué e intentar aceptarse tal cual descubriera una respuesta a dichos cuestionamientos; arab deseaba poder volver a ser socialmente empático entre sus amistades, poder disfrutar su espacio y las cosas que tenia o le rodeaban, poder disfrutar de su familia, asi como poder vivir simplemente sin sentir que habia alguna especie de espectro irrumpiendo con dicho deseo a merced de las sombras, en medio de lo desconocido, donde él no podía hacer nada.

Mas delante, pudimos entablar esa empatía que al inicio era necesaria establecer primero y arab se dispuso a reconocer que estaba pasando por un momento difícil emocionalmente y sexualmente; arab tenía dudas sobre sus preferencias sexuales, tenía ya mucho tiempo cargando con esta abrumadora sombra que le corrompía por dentro y que no sabía cómo deshacerse de ella, claro que la respuesta como en la mayoría de las veces que se lleva a cabo un analisis seria "el conocer", pues el conocimiento brinda poder, da la oportunidad de conocer a lo que uno se enfrenta o lo que uno está a punto de manipular y regala la oportunidad de no hacerlo a ciegas; básicamente arab buscaba encontrar una identidad sexual que le pudiese brindar, a priori, esa tranquilidad que todos buscamos, algunos por años, algunos otros por siempre; a diferencia de muchas personas definidas homosexualmente y que usan frases como: "recuerdo ser así desde siempre", "así soy desde que nací", "nunca me gusto el sexo opuesto desde que tengo memoria", y demás afirmaciones que hacen inferencia clara de una aceptación ya interpuesta en el sujeto, arab sentia el deseo sexual homosexualizado, sin embargo, no lo aceptaba como ideal, en su conciencia moral, su conciente, su yo, arab deseaba poder llevar a cabo una relación heterosexual, contraer un matrimonio como comúnmente sucede en la cultura y tener una familia de manera que la sociedad, la cultura, la religión y la ética familiar no fueran una complicación de limitaciones y señalamientos; en este caso, habia una clara disociación, una neurosis en donde la mente se oponía al cuerpo, donde el pensamiento se oponía al deseo, y esto claro, daba nacimiento al conflicto interno en arab.

Las fantasías llegan a ser en la vida de una persona tan importantes, tan vitales, que en ocasiones suelen ser eso último que nos queda, tan autentico que muestra exasperantemente nuestros más sinceros y urgidos deseos de algo cuando el resto ya sólo ha sido reprimido, trastocado y manipulado.

Arab buscaba poder definirse básicamente y así poder vivir feliz como lo citaba en repetidas ocasiones, no tenía claro si estos deseos que sentia por obtener placer del mismo sexo era algo pasajero por lo que estaba transitando debido a algún problema desconocido o si era algo de lo cual definirse concretamente y llevar su proceso de aceptación, seguir sus deseos y llevarlos a la satisfacción para asi poder emprender camino sobre el recorrido del placer; sin embargo, lo que sí era claro y muy importante ya mencionado, era que a nivel inconsciente, ya se habia establecido entre la niebla una anhedonia ante el sexo femenino como objeto sexual, lo cual a mi ver, desde un principio definía casi con seguridad el desenlace de la duda.

Cuando niño, arab pasó por momentos complicados, momentos que ningún padre y mucho menos una madre desea para un hijo; sufría de bullying muy frecuentemente, y eso se debía a que la estructura de personalidad que hasta ese momento habia desarrollado era la de una persona noble, obediente, dócil, pacífica y ciertamente ingenua frente a los que abusan y se aprovechan de dichas caracteristicas; el pequeño arab sabia en el fondo que algo no estaba bien entre él y sus compañeros del mismo sexo, -pero seamos sinceros, a esa edad más que a cualquier otra no importa el ¿Cómo?, sino el ¿Por qué?-. La mayoría de los peques que conformaban los círculos de amistad de arab eran niñas, eh de ahí una de las principales causas (lamentablemente aún vigentes en la actualidad en gran número) del bullying que recibía por parte de sus compañeros.

El padre de arab era un hombre con una manera de educar más inclinado a lo arcaico y tradicional que a lo contemporáneo, era un hombre que educaba como se dice coloquialmente "de mano dura"; todos sabemos que la figura del padre es escencial en la vida y desarrollo de todo hijo, y juega su rol de manera imprescindible con cada uno; ya Freud en su época decía que esa figura del padre era indispensable en la vida, una figura que representaba una ambigüedad crucial para el desarrollo, por un lado aquel a quien tanto aprendíamos a temer y respetar imponiendo así la educación de los limites, y por otro lado, al mismo tiempo, esa figura que nos daba tal seguridad en todo momento de cuidarnos, protegernos contra los más terribles miedos posibles de imaginar, esa figura súper poderosa de todo hijo; de cualquier manera, a mí me gusta describir su importancia en el desarrollo de un hijo como esa figura que implanta en la psique del infante las principales bases para su definición sexual, su rol social y la seguridad de sí mismo ante la vida y ante los problemas; no estaríamos lejos de dar tal papel estelar al padre en este caso, como veríamos más adelante, fue justo el hito de la historia.

Abordando el tema de su infancia y buscando rescatar algunos recuerdos que pudieran llevarnos a una explicación o que formaran al menos un poco de avance del camino que debíamos ir siguiendo, arab afirmaba de manera pesimista no recordar casi nada de ella, al parecer estábamos frente a la gran pregunta disociativa que muy a menudo ocurre con nosotros, ¿No recordaba? ¿O no queria recordar?; Pero todo comenzó a fluir eficientemente tras cierta insistencia por medio de algunos diálogos a manera de afirmación respecto de su propio conocimiento y auto-reflexión; arab comento en cierto momento: "no me enseñaron a defenderme, sino a ser bueno, obediente, generoso; por eso nunca sentí la necesidad de defenderme". Nuestro camino estaba marcado, ahora sabíamos porque rincón del inconsciente pasábamos.

Era más que evidente lo que ocurría, el padre de arab era por un lado, esa figura que arab idolatraba y amaba con todo su esplendor, ese tipo de niño con ojos que reflejan un brillo especial de vida cuando están frente a papá, donde parece no existir nada en el mundo que pueda hacerles mal mientras se esté a su lado y bajo su cuidado; sin embargo, en el silencio del mensaje proyectado a la psique, de ese peculiar, audaz y sigiloso procesamiento del inconsciente, arab era educado por su padre para obedecer al instante cada orden que se le diera, a no cuestionar, no dudar, mucho menos discutir u hacer caso omiso, de otra manera sabemos las represalias que forjan a este tipo de educación por parte de los padres; Arab no podía permitirse dudar siquiera emocionalmente o psicológicamente de todo lo que el padre dijese, estaba educado para obedecer y cooperar; la figura del padre habia forjado la sumisión del impulso masculino comúnmente en todo hombre para defenderse o al menos intentarlo; arab comentaba que cada vez que él o uno de sus hermanos andaban descalzos por la casa (lo cual es normal en cualquier niño) y lo cual a su padre no le agradaba, los pisaba con sus zapatos como manera de hacerles entender que eran castigados con ese dolor por desobedecer la indicación de no estar sin nada en los pies y que claro, no estaba dispuesto a repetir. Infringía el dolor en el castigo, implantaba un mensaje de poder y forjaba la sumisión de alguna manera, de la ignorancia ante las situaciones difíciles de la vida en un futuro, cosa que los padres muchas veces no logran entender; desafortunadamente algunos terminan con finales trágicos debido a este comportamiento, pero ese será un tema para otra ocasión.

De vuelta con arab, sucedía que él amaba a su padre como padre, idolatraba su persona como figura masculina que imponía ante él, pero pasaba algo más, arab no tenía ese impulso del rol masculino común en la cultura, sino más bien, padre deseaba arab obedecía, era fino, era callado, era sumiso, era inseguro, y estas dos direcciones tan sólo marcaban un final no muy anhelado pero primordial una vez que me percate de ello; arab deseaba a su padre no solo como padre, sino como hombre, esa figura donde el otro busca seguridad, compañía, amor, valentía, iniciativa, imposición, etc.; Se habia marcado el valor del sentimiento de arab por su padre como siempre se es marcado en la línea divisora entre la posibilidad de amor y la posibilidad de cualquier otro vinculo en las personas por una cosa: el deseo sexualizado; eso no quiere decir otra cosa que, su padre se habia convertido en su figura de deseo, de amor, era su falo, su fantasía; pero claro está que en ese momento, arab no entendía nada de esto, incluso hasta el momento en que yo se lo intento hacer ver bajo análisis, para él era incomprensible e inaceptable.

Despues de abordar con gran calma todo lo anterior, seguimos nuestro camino en las sesiones y fueron apareciendo cosas muy importantes que irían redefiniendo nuestros diálogos; ¿Qué tipo de aprendizaje estaba dando el padre de arab a arab?, al parecer, el mensaje que quedaba simbolizado en arab era que ser sometido físicamente era la respuesta ideal para poder concluir exitosamente un deseo, si acaso el padre deseaba justo enviar la respuesta a un deseo; ¿O seria acaso un mensaje de otro tipo?, en todo caso, ¿Qué tipo de mensaje necesitaría del maltrato físico para usarlo como ideal en la enseñanza a un hijo sobre una petición sana?, ¿O es acaso que intentaba delinear los lineamientos adecuados de lo que conlleva una orden del jefe en la jerarquía a la que se pertenece como manera de mantener el poder y el control de los que le dependen?, de cualquier manera que fuese, lo hecho estaba hecho y su moción se estaba planificando en el silencio.

Para nuestra sorpresa, despues de estar oscilando entre estos diálogos, logramos abolir ciertas barreras inconscientes que eran las que según arab no le permitían poder recordar muchas cosas de su infancia, sin embargo, una vez que la aceptación comienza a asomarse, la conciencia abre sus puertas a tope para quienes logren emerger ahí; fue entonces que arab pudo recordar lo que con gran valentía (y se lo reconocí) pudo expresarme, arab habia sido abusado sexualmente a sus cinco años de edad por unos primos más grandes; esto, para efectos de esclarecimiento de los lectores, sucedió antes de todo lo mencionado con el padre durante el crecimiento de arab, primero habría sido el abuso, posteriormente todo lo narrado de su padre hacia él; nuestra atención se habia desviado un poco, esto no sólo cambiaba el contexto de nuestro camino, ofrecía otra explicación más que lógica; la diacronía del abuso se habia venido fortaleciendo por causa del padre mismo.

Al parecer, en repetidas ocasiones el abuso que ejercían sexualmente en arab era ser sometido por dos jóvenes, principalmente uno de ellos de manera más frecuente y posteriormente el hermano del mismo según relata, ocurría en casa de una tía de arab, sin embargo las pocas veces que familiares llegaron a notar algún indicio de algo raro que pasaba no se hacía gran cosa por la atención en el tema y quedaba de lado; estos abusos ocurrían tan frecuentemente y estuvieron pasando por prolongado tiempo, que, arab, decía que en ese momento era algo que ya se le hacía normal, como que ya se habia acostumbrado, de algún modo arab estaba adaptando esto como parte natural de su vida, de sus dias, de su tarea a realizar en el mundo, nadie lo impedía, él tenía miedo de reaccionar o decir algo, se le habia enseñado a no hacerlo, a obedecer y cooperar, a recibir el sometimiento físico que terminaba simbolizando un deseo; era indefenso, a merced de dos devoradores sexuales con tendencias homosexuales ocultas; era presa del abuso, pero no sólo del abuso, sino del deseo, arab se adaptó a la situacion de la violación, como debía ser, obedecía, cedió, coopero, y termino donde cualquiera menos esperaría, sintiendo placer, disfrutando que le hicieran aquello que aunque sabía era indebido y trastocaba los limites en su mente, le causaba goce sexual; por un lado se quejaba en silencio de lo que ocurría, por otro lado disfrutaba de lo que le hacían y deseaba que no dejaran de someterlo. Arab ante todo eso agrega en un momento de dialogo: "simplemente lo tenía que soportar y ya, se iba a acabar", esta era su afirmación mental con la cual logro llevar el acto a la adaptación de vida, un goce disfrazado por el conformismo y la no aceptación de satisfacción.

Arab afirma que durante ese periodo de tiempo ese era él, su personalidad era así, conformista y práctico, dispuesto a ser lo que otros querían si así tenía que ser.

Ya con los años transcurridos arab no deseaba recordar esa época de su vida, claro era que en algún momento le generaría angustia, culpa, vergüenza, y pasó malos tiempos sin lograr emancipar de su mente dichas escenas, deciciones y sensaciones; sin embargo al tiempo actual de nuestra sesión afirmaba que esos recuerdos ya no eran tan frecuentes, arab decía que habia logrado bloquearse y dejar sus malos recuerdos en el olvido, pero de vez en cuando denota que esos recuerdos vuelven y últimamente con más frecuencia, una de las razones que lo trajo a sesión, pues, cada que estos recuerdos están regresando, aunque de manera no frecuente y si efímera, llevan a arab a una regresión tan lucida a sus emociones y tan indeseada en su consciencia, que arab cae en conflicto interno, depresión, angustia, apatía, rendimiento, aislamiento, y esto lo estuvo llevando a la locuaz idea del suicidio en varias ocasiones.

Despues de estar vagando por los largos pasillos de la mente con arab, y dejando de lado tantas "faramallas absurdas" como citaba él mismo, me llegue a preguntar y claro, se lo llegue a preguntar a él: ¿Qué es lo que desea?, y aquí entenderemos que significaremos el desear tanto con el acto de querer lograr u obtener algo, como con el acto de deseo carnal y de posesión sexual.

Se muestra más adelante en sesión un momento de decisiva ilustración, pues todo lo anterior hablado en este caso, eran situaciones que se iban desquebrajando poco a poco en un entender neutro buscando respuestas que arab deseaba poder responder para definir su persona y sus deseos en son de lo que lograra esclarecer, ese momento llego despues de todo lo anterior y arab comenta: "creo que es difícil aceptarlo, creo que no pudiera ni decirlo", y aunque las palabras de arab supuestamente decían algo que significaba obstaculización, represión, negación, su tono de voz, su postura, su temple, su mirada, todo el resto de lo que él era mostraba otra cosa, arab habia logrado inspeccionar su interior y encontrar una respuesta, no porque yo lo dijera, sino porque habia cobrado una verdad en él al menos a nivel emocional, una emoción difícil de engañar y de alejar una vez abrazada ya; se veía ilustrado e iluminado, seguro al decirlo aunque con cierto nervio que era de entenderse; posterior a su comentario, pregunte: ¿es difícil decir que?; entonces lo dijo: "que puede que me gusten los hombres"; y a manera de salvarlo de una auto traición de sus mecanismos defensivos ante la vergüenza o el miedo de lo que intentaba aceptar de forma concreta, le cuestione: ¿puede ser, o es?; arab afirmo con decisión e ímpetu: "así es".

Despues de llegar a dicha sugestión en arab, comentaba llanamente el miedo que le causa que todo pueda cambiar con lo que acaba de decir; su familia; amigos; entre otras cosas, y claro, era ese miedo la principal barrera que tuvimos que derribar, pues es ese miedo el que no permitía a arab vivir con esa realidad que se mantenía reprimida dentro de él y que lo hacían llegar a esas culpas, esos miedos y esas frustraciones que le hacían pensar en el suicidio; arab afirmaría esto que eh dicho al comentar: "creo que siempre lo eh sabido, pero no aceptado"; arab lograba reconocer su deseo conciente por cubrir el rol masculino común con sus caracteristicas sociales y culturales, sin embargo, esta vez lograba en oposición a ello reconocer tambien de igual manera y diferenciando sana e inteligiblemente su deseo sexual y pasional inconsciente hecho conciente por las personas de su mismo sexo; reconocía ahora tambien, su inclinación a la homosexualidad de manera emocional aun cuando su ideología se esforzara por dictarle lo contrario. La sesión finalizaba con gran avance.

Ulteriormente llegó un momento que para mí es como destello estelar de todo buen proceso, una de esas sesiones que despues de lo agradables que son aquellas de carácter revelador, llegan estas otras, que juegan un papel muy importante, el de confirmación de lo indagado en el camino, ese clímax de satisfacción de confirmar que lo que está ocurriendo es tal cual nuestro deseo; el inconsciente ya empieza a jugar una dinámica de modificación y reestructuración del conflicto.

Despues de aquel encuentro en que pudimos revelar la explicación más real posible de lo que ocurría y de lo que arab buscaba encontrar para entenderse a sí mismo, arab se mantuvo como era de esperarse en un estado continuo de insigth, reflexionando todo ese hiperdestello de sensaciones que le abordaban tras el reconocimiento sugestivo del que fue protagonista sobre su atracción por el mismo sexo; como mencione anteriormente, arab llegaría esta vez al punto como toda persona meticulosa sobre la vida, de no importarle el ¿Por qué?, sino el ¿Cómo?; y justamente es lo que comenzó dejando en claro: "no me perturba el ser o no ser, pero me intriga saber las causas"; entonces reafirmó que desea saber por qué es que tiene esa definición inconsciente cuando su deseo consciente aun desea que fuera distinto aunque tengamos una aceptación entre medio esta vez; Arab diría: "que mejor que saber el origen de quien soy".

Estaba claro nuestro objetivo, lograr entender por qué arab aun deseando ser heterosexual habia inconscientemente definido y aceptado su homosexualidad; el problema no era lo segundo, sino lo primero, entender al menos como sucedió.

Mientras que ahondamos en las distintas posibilidades, claramente teníamos dos principales caminos a lo que sucedió, por un lado los oscuros caminos transgresivos que marca la figura paterna en nuestro desarrollo y por otro lado, los sucesos de tipo homosexual por lo que arab habia pasado desde la infancia y que habia terminado por aceptar y disfrutar; podrían ser los dos; podría ser uno consecuencia del otro o viceversa; podría ser uno complemento reforzador del otro y viceversa.

Aun así, cuando hablamos sobre los sucesos que habia vivido, arab comenta: "si la razón fueran los distintos evento que pasé no me aceptaría, tendría odio contra mí mismo; no me aceptaría como persona"; Obviamente arab sentia un fuerte rencor y odio hacia esta posible explicación, decía que no lo vería como algo natural que poder aceptar ya que la naturaleza es posiblemente lo único que hemos aprendido a aceptar aún más allá de la frustración de los deseos contra lo que no podemos hacer mucho, más cuando se trata de la vida; arab manifestaba que eso sería algo "no natural" y nada pacifico, en cambio, si fuese de otro modo lo podría asimilar sin tal repudio y negatividad, si tan sólo fuese como la explicación asimilativa de muchos en su situación; dice: "como si así hubiese nacido"; claramente era necesario confrontar a arab en esta cuestión y entender por qué distinguía así las posibilidades y una podía aceptarla y otra no, con intención de que él encontrara la asimilación en su propio entender al superponer su respuesta consciente ante sus deseos de respuesta inconsciente; la razón de arab era que los sucesos marcaban una diacronía en donde la manipulacion sería la explicación, entendiendo que otras personas habian decidido por él su sexualidad, lo habian obligado, forjado y manipulado para ser lo que es hoy concientemente, cambiando así su naturaleza sin siquiera su aprobación sobre tal forzada dinámica de placeres, traumas, ideales y convicción moral. Justamente este tipo de deducción secuencial es la que ha podido deducir en medio de su laberinto de conflictos durante el pasar de sus años, el haber permitido que lo que le ocurrió de manera forzada y traumática en algún momento siguiera ocurriendo ulteriormente por haber encontrado placer en ello y que sin verlo venir, no fuese sólo una etapa de confusión o experimentación en la vida sino el nucleo de su posterior definición y conflicto conciente por enfrentar en la vida adulta; debido a esto, arab manifiesta haber crecido odiándose a sí mismo, culpándose y que actualmente claro, seguía haciéndolo y que siempre se culparía por ello; en ese momento mi principal interes era saber el porqué de esa culpa que experimentaba, la respuesta podría definir la vereda por la cual continuar en nuestro proceso analítico; ¿que era específicamente lo que hacía sentir culpable a arab?:

- ¿culpa por no hablar sobre lo ocurrido con su padre y detenerlo?

- ¿culpa de no haber intentado defenderse de lo que le ocurría y haber al menos puesto resistencia o lograr resistirse al abuso?

- ¿o culpa de haber descubierto placer y gusto por lo que le hacían y haber de algún modo sentido deseo y permitido que siguiera ocurriendo y disfrutando de ello?

Al parecer todas las anteriores cuestiones le hacían ruido en su interior, pero claramente la tercera opción sobre descubrir el placer en algo de simbolismo prohibido, indebido, y bajo una moción forzada y de mucha adrenalina era lo que le provocaba principalmente el conflicto al menos inconsciente; como todo trauma, necesitamos factores que complementen sucesos que nos ocurren para poder mantener lo más posible un equilibrio interno que nos salve de algún modo de la locura insostenible cuando pasamos por algo así; ese complemente en arab era disfrutar el placer sexual sin dificultades de vivir rechazos, vergüenzas o complicaciones como todo primerizo en la vida sexual y de deseo por poseer a otros normalmente efectuado en la vida heterosexual como él deseaba; así que arab habría programado esa analogía en su mente por varios años: "era la vía más rápida de obtener acceso a lo sexual en la adolescencia cuando todos desean el goce sexual, pero siempre era perturbante a la vez y despues me odiaba"; claro, lo disfrutaba como todos disfrutamos cruzar esas líneas de lo indebido cuando así son marcadas y nos encontramos por una u otra razón de ese otro lado, pero claramente, una vez satisfecha la libido y reposando, venia la culpa, el odio de permitirse disfrutar asi y no poder hacer nada para detenerlo, porque claro, el placer estaba por lejos mucho más apuntalada sobre el que la preocupación moral y ética de su conciencia que se regían solo sobre la satisfacción de la cultura.

Cuando arab lograba despejar de su mente y de su cuerpo toda fuga de libido y hacia una introspección de lo que ocurría en su vida y de lo que habia ocurrido desde tiempo atrás, cuando lograba visualizarse como lo que habia sido, una víctima de abuso sexual homosexual, venían cosas a su cabeza cada vez más perturbantes como si su mente cada vez que podía cuando la

libido calmase su efecto aprovechara al máximo el tiempo y exacerbara ese conflicto de moral y lo inconsciente ocurrido, y arab vivía repetidamente con esta que discursaba en nuestro encuentro: "el sólo pensar que le pueden hacer eso a un niño, me dan ganas de matarlos a todos", esto llevaba a arab a un estado de constante ansiedad, y usualmente mientras hablaba al respecto se podía observar como pasaba a un estado apretujado de su cuerpo, su expresión era rígida y fria, apretaba sus laterales del sillón donde se encontraba y constantemente rasgaba el asiento como buscando una forma de saciar el odio que estaba corriendo dentro de él para poder encontrar calma y paz.

Despues de haber encontrado un momento para apaciguar un poco todas estas emociones, vendría un comentario en la sesión que despues de todo el difícil momento por el que pasábamos, definiría lo que buscábamos fortaleciendo lo que hasta el momento dictaba mi teoría en cuanto a lo que habíamos logrado conocer de su inconsciente; arab comenta que habia estado soñando muy seguido últimamente, y para mi sorpresa y alivio de algún modo por reafirmar lo que esperaba, sus sueños eran de encuentros con su padre en diferentes contextos realizando actos sexuales entre ellos sin ser deseados a la vez, osease, obligados, como lo que le habia ocurrido, sin embargo algo definía la importancia del sueño aquí, el personaje objeto de deseo, de sometimiento y de placer, justo era interpretado por su padre; el inconsciente se habia empezado a comunicar con nosotros abruptamente.

Mucho tiempo araba habia venido lidiando con pesadillas por las noches, la dinámica onírica que padecía no era del todo agradable, despertaba asustado, tenía dificultades para respirar, la ansiedad le acechaba, su mente intentaba decirle algo; esta vez, el mensaje era más claro que nunca, se habia descodificado de algún modo tal cosa.

En ese momento le hablo sobre mi interpretación que justamente se inclinaba sobre el hecho de que lo que él deseaba era seguir sintiendo el deseo del otro sobre él, en este caso el deseo del padre sobre él, deseaba ser deseado por aquel que él mismo deseaba en medio de aquella confusión de sentimientos ocurridos con su padre por el tipo de dinámica que habian vivido y los hechos que habian fortalecido de algún modo dicha estructuración de su definición sexual póstuma sobre los deseos que tenía; el hecho de haber sentido deseo que no debía haber tenido hacia su padre y que la manera en que su padre aplicaba en el la sumisión y el sometimiento físico para demostrar lo que él deseaba de ellos y así poder ser merecedor de dicha satisfacción, habia concluido en que arab adaptara ese modus operandi en la dinámica de deseo, lo que lo llevo a permitirse someterse en los abusos que vivió para encontrar dicho placer, que finalmente comprendemos lo que le permitió poder haber hecho eso y no poner resistencia, era la fantasía proyectiva de que así era justo como obtenía el placer del padre, o al menos asi lo habia aprendido a obtener en sus fantasías; pero el deseo auténticamente era sobre la figura paterna representativa de la figura masculina, bajo la impotencia y la negativa de poder poseer al padre en la realidad conciente, esto llevo a arab a buscar en otras figuras masculinas (que representaban la figura del padre) que ejercían en él, el sometimiento físico y la sumisión (actos de deseo del padre) en el objeto de deseo que buscaba; en manera resumida estábamos entendiendo el ¿Cómo? que arab buscaba, él se habia definido inconscientemente homosexual por el objetivo de satisfacer el deseo de ser deseado por la figura paterna y obtener placer de ello, figura paterna representada en otros masculinos que podían de algún modo someterlo al placer sexual, aun cuando conscientemente quisiera poder haber representado ante la cultura una figura como la del padre en ese contexto al menos, en donde sabe cumplía otro rol y era totalmente distinto de prejuicio y aceptación.

Tras la charla que tuvimos y la paciente escucha de lo interpretado, arab guarda silencio, respira, dice no tener comentarios y decide finalizar e irse en silencio; esa sesión finaliza de dicha manera.

Volvimos a encontrarnos dias despues y como era de esperarse al menos desde mi espera, aquella interpretativa tuvo su efecto en arab, habia pasado los dias triste, de esas tristezas que uno en muchas ocasiones experimenta como una especie de vacío sin explicación, causa, ni razon alguna que pueda entender de forma conciente y susceptible a la manipulacion, claramente, arab habia intentado todo lo posible para poder distraerse de dichas emociones, buscando encontrar saciar excitación de sensación para encontrar algunas migajas de satisfacción de algún modo y curar el sufrir por el que pasaba y que claro, como él mismo lo explicaba, era debido a la interpretación hecha, más, sin embargo, no habia logrado su cometido, mis palabras habian sucumbido su interior y acaparado toda posible salida opcional de sus mecanismos defensivos; arab no habia dejado de pensar todos esos dias en aquella charla.

Cuando profundizamos un poco más en todo aquello que habia estado sintiendo y que vanamente habia intentando controlar, explico que se sentia muy estresado, que le era insoportable estar pensando una y otra vez en aquello que le habia dicho, vuelta tras vuelta, un ir y venir infinito de tal huella mnémica plasmada en su psique; sin embargo, con cierta dificultad y cierto pesar, pero a su vez, con gran valentía, reconocía que era algo muy acertado para su sentir y su entender lo que habia escuchado, le habia hecho eco de algún modo en alguna parte de su interior; y justo eso es lo que provoca tal molestia y frustración tan grave en los hombres, saber que en el fondo, en ese espacio de los secretos más íntimos de nuestra alma, existe algo que nos enfurece, justamente, porque toco un punto muy sensible, pero muy acertado, del cual fuese el conflicto del que tratemos a priori. Dicho reconocimiento, fue claro, una parte fundamental que le permitiría a arab avanzar eficazmente con dicho restablecimiento de su aceptación yoica por sobre la disociación conciente-inconsciente que vivía.

Aquellas sensaciones inconscientes que en algún momento se apoderaron de arab haciéndole sentir que podría convivir con dicha realidad debido al placer facil y efímero que le brindaba y buscando estructurar una percepción de normalidad para poder asi naufragar con dichos momentos de manera neutra, habian pasado a convertirse en un deseo dirigido de odio ahora bajo el manto de la comprensión de su rol en las respuestas al conflicto que arab buscaba entender; arab expresaba: "toda la semana desde que salí de aquí ha sido una emoción de odio, odio a todos los que me trataron como una marioneta, odio y más odio, yo era como un robot para obedecer órdenes"; era claro que arab habia logrado reestructurar la percepción de lo ocurrido con aquellos dos sucesos principales que hablamos; por un lado el odio iba dirigido concientemente esta vez hacia él mismo por haber permitido ser usado y manipulado; por otro lado ese mismo odio se proyectaba hacia todos quienes influyeron como cómplices o verdugos principales de dichas acciones ya que formaron parte de la misma tragedia que arab deseaba no haber permitidose vivir propiamente.

Sin embargo, arab sabía que todo esto, ahora descubierto y ahora procesado en su razonamiento, no podía cambiar, ya habia sucedido, estaría ahí por siempre, y no se trataba de olvidar, sino de aprender a vivir con ello; arab deseaba aceptarlo simplemente y comenzar a salir adelante, dejar de lado ese odio que finalmente no podría desembocar ni ser depositado en ninguna parte que no fuese dentro de sí mismo, pues inconscientemente ya habia una aceptación por las emociones y sensaciones consecuencias de aquellos hechos;

arab buscaba aceptar la homosexualidad abiertamente, pues aunque odiaba en su razón las causas que lo llevaron ahí, era imposible no reconocer que ya habia estructurado en su interior un placer desbordado por la figura del mismo sexo como objeto de deseo en consecuencia de todas aquellas dosis de goce manifestadas por tantos años; sólo deseaba aceptar y seguir adelante con dicha asimilación.

Lamentablemente dichos deseos de superar un malestar no es tan sencillo muchas veces, y esto llevo un poco de tiempo que para nada comparte similitud con el instante; estábamos en medio de un paradigma de emociones; por un lado, arab intentaba sobrevivir al acto consecuente de los hechos, osease, a lo que ahora era su definición o preferencia, aceptarse y buscar el placer de vivir con tal aceptación; por otro lado, intentaba aniquilar la causalidad de lo que es, poder saciar esa excitación de odio contra lo que para su razón ahora habia hecho de él lo que ahora estábamos definiendo; las pulsiones libidinales de arab investían en direcciones opuestas sobre su deseo de equilibrio, supervivencia-aniquilamiento, que claro, no nos llevaría a nada, debíamos lograr poder liberarnos de una de ellas y sabíamos cuál debía ser con lógica y coherencia.

Posteriormente logramos que esto pasara, arab empezaba a contener su deseo de odio y aniquilamiento poniendo por delante su deseo de supervivencia, de felicidad, de satisfacción y placer; lograba suprimir muchas de esas emociones, aunque le era algo abrumador, pues tal esfuerzo (si separásemos la palabra como es-fuerza aplicaría perfectamente) le impedía poder llorar y esta era una doble supresión que estaba intentando manejar poco a poco, vivía frecuentemente con esa incomoda sensación del nudo en la garganta con deseo de explotar sin punto final alguno hasta ser completamente vaciado el recipiente emocional; la angustia formaba parte de sus dias.

Cuando arab logro avanzar con dicha situacion, pudo neutralizar sus emociones y poder pensar con más claridad sobre lo que dentro de sí ocurría, y entonces fue como llegamos al momento en que mencionó que reconocía que por mucho tiempo sentia que habia creado un "yo falso", y deseaba tratar al respecto tambien.

Arab decía: "siempre estoy para los demas, me adapto a ellos, pero yo nunca hablo de mi con ellos sinceramente, me adapto a lo que analizo de ellos y es como les caigo muy bien a todos"; básicamente, intentaba decirme que mantenía oculta su verdadera persona frente a la mayoría de la gente que le rodeaba, tal vez era una defensa inconsciente que le protegía de algo que le causaba un conflicto y que ni siquiera él podía comprender; siendo así, tendría toda la razón de existir y comprender el porqué de ese "yo falso"; al menos hasta los dias en que hemos concretado nuestro trabajo para solucionar dicho problema; arab se habia ganado sus vínculos afectivos a conveniencia y astucia por decirlo así, dándoles lo que deseaban, diciéndoles lo que deseaban, siendo lo que deseaban; y me pregunto yo, ¿aun así existen personas que dudan que todo parte del deseo?; arab agrega: "me eh dedicado a hacer feliz a todos antes que a mí, les mejoro siempre su día".

Estoy seguro que en este actuar último que arab comenta, seguro buscaba de igual forma obtener la satisfacción de una asociación proyectiva, buscaba poder sentir placer brindando placer a otros, alegrar su día alegrando el dia a otros, finalmente, actuamos en base al deseo del otro como ya lo decía Lacan en alguna de sus publicaciones; nuestro deseo siempre estará influenciado de algún modo por el deseo del otro sobre nuestro propio deseo.

Arab logro afortunadamente poder lidiar con esta preocupación que le acechaba, en tanto habia comenzado el proceso de su propia aceptación ya no habia necesidad de mostrar una falsa identidad que protegiese a ninguna sombra intrusiva y desconocida en la esfera de la satisfacción y el equilibrio personal de las emociones y los pensamientos; el laberinto comenzaría a abrir todas sus salidas del problema, pues no habíamos encontrado solo una salida, sino el interruptor que controlaba toda la estructura de caminos.

En medio de esta nueva lucidez, vendría una realidad que a todos nos acecha la mayor parte del tiempo y que consideraría como un inicio de sano juicio emocional y de un sano control sensacional del miedo en el ser humano; arab sentia y reconocía que este cambio, esta aceptación, este descubrimiento de su verdadero Yo ante la civilización en sí y sus efectos socio culturales, le provocaban el miedo de morir sólo en un futuro, sin familia o seres cercanos que estuvieran con él; esto a pesar de sonar de algún modo preocupante, lo considere un primer paso concreto al bienestar, un bienestar regulado y equilibrado en el cual comenzar a construir lo que sería su camino por la vida ulterior que le esperaba con las herramientas psicológicas y emocionales en el mejor estado posible.

Arab se mantuvo un tiempo confrontando su propio miedo, su conflicto, algo con lo cual intentaba encontrar el trato justo y pacífico en el cual poder sobrevivir juntos; cuando se iba de sesión se mantenía neutro (explicaba), iba con una mentalidad positiva de regreso a su hogar, decidido a que nada le haria perturbar de nuevo, sin embargo, al llegar a casa, recaía y las distintas emociones negativas y sosloyantes se apoderaban de él de nueva cuenta; fue una confrontación que estuvo viviendo por un cierto tiempo.

Durante un momento de brava decisión y significativo valor, arab se convenció de dar el paso siguiente, a saber, el reconocimiento ante los demas, así que un día, una de sus mejores amigas a quien decía tenerle mucha confianza y cariño le llamo de manera espontánea, y fue ahí que arab decidió dar el primer paso aprovechando el momento, entonces le conto la verdad de lo que vivía con respecto a su inclinación sexual. Para sorpresa de arab, fue más sencillo de lo que pensó por tanto tiempo, y no fue de cuestionamientos o rechazos, simplemente hubo una agradable y comprensiva aceptación por parte de ella, lo cual claro, le conforto de gran forma.

Debido a ello, como a manera de haber descubierto la puerta mágica a la felicidad, visito su rancho ese mismo fin de semana y hablo con su madre, le dejo entredicho que queria platicar con ella y decirle algo muy importante, más la plática no se concretó aun en ese momento, sería más delante; por otro lado, en la escuela la mayoría de sus compañeros notaban algo raro en arab, era diferente, le preguntaban constantemente que pasaba o que habia sucedido, estaba cambiado, otra actitud, pasividad, tranquilidad, se desenvolvía con espontaneidad y naturaleza, con alegría y disfrutando de sus momentos; claro, la aceptación habia comenzado, habia sinceridad en arab tras su decisión y ese primer paso y claro, la satisfacción recibida en su primer respuesta, encontrado la identificación adecuada con sus deseos y sus emociones, estaba dejando ese "yo falso" atrás y mostrando al "yo real", un arab que era agradable para todos y que era agradable para sí mismo.

A pesar de que el progreso estaba ocurriendo significativamente; arab seguía confrontando esos hartos momentos de polarización emocional navegando entre la aceptación fuera de casa y la negación regresando a casa; pareciese que la representación del hogar seguía siendo lo más difícil aun para arab con lo cual lidiar con respecto a su aceptación y su nuevo yo. Estaba harto y cansado de estar en medio de esa oscilación constante y habia momentos que decía que se paraba en ciertos lugares por la calle donde pasaba y simplemente se quedaba fantaseando con tirarse a veces al suicidio y ponerle punto final a todo. Era de entenderse, el cansancio psíquico y emocional es muchas veces tres veces más pesado incluso que el cansancio físico, sin embargo, arab se mantenía fuerte y enfocado, jamas se dejó vencer por dicho agotamiento.

En una de nuestras sesiones posteriores, es notable el cansancio por el que arab ha estado pasando, esto hace que sea complicado poder dialogar eficientemente durante la sesión, su fatiga, claro, era desbordada y desahogada acá en su espacio; la mayoría de las repuestas a todo tipo de confrontación en nuestra charla se volvían un incómodo "no sé", entonces arab en cierto momento simplemente se para, observa detenidamente por un minuto un reloj de arena que posa en mi escritorio mientras yo le observo a él, expresa instantes despues sentir mucha negatividad y ganas de vomitar, tal vez sus ganas de vomitar era la simple representación de lo que ocupaba salir de él, terminar el proceso de aceptación, a pesar de estar siendo difícil, ya estaba ahí, en ese punto del cuerpo en que simplemente ha notificado a nuestro sistema instintivo que algo está a punto de explotar, de salir, de vaciarse, vaya, de ser vomitado.

De algún modo estaba conteniendo a la vez que vivía su lucha por acabar con el conflicto, reestructurando su nuevo y real yo, para lo cual lograba darse cuenta que habia logrado ya separar esas ideas y esos sentires del "falso yo", a quien etiquetaba él mismo como un hipócrita. Minutos despues de todo esto intentaba pasar al tema de su aislamiento de los demas para lo cual calla, dice estar bloqueado, decide interrumpir la sesión y pide irse, al cuestionarse sobre su decisión repentina, muestra una postura molesta, y responde de nuevo un "no sé, solo quiero irme", entonces le concedo tomar su decisión y se va, la sesión finaliza.

Cuando nos volvimos a ver una semana despues, arab pide disculpas por lo sucedido en la sesión anterior, está un poco confundido y dice no saber por qué se fue enojado, supone en sus ideas que podría ser por el mismo cansancio de seguirse sintiendo mal frecuentemente y seguir en sesión sin lograr el cometido, lo cual representaría la parte de hacer un esfuerzo por la obtención de un deseo.

Sin embargo, más adelante, durante la sesión, pudimos percatarnos de un crucial cambio que habia ocurrido, a diferencia de las sesión antepasadas en que se iba de manera positiva y neutra para llegar a casa a experimentar una negatividad y una resistencia vil, esta última ocasión en que se fue enojado de sesión, al llegar a casa experimento paz, tranquilidad de poder llegar al hogar y sentirse libre en su espacio personal, comodo y feliz; ¿Qué sucedió?, seguramente arab necesitaba depositar todo ese enojo que sentia ante la idea de afrontar su nueva realidad con el símbolo materno que era representado por el hogar, deposito que encontró en sesión y logro despojar seguramente durante ese momento, interrumpiendo la sesión como para salvarse de no ingresar de nuevo a su cuerpo tal espectro y huir de la escena para mantenerse libre de dicha energía; sea cual sea la forma de verlo, insisto al respecto de saber qué sucedió con dicho enojo para lo cual, logre obtener despues de cierto tiempo una respuesta: "no soportaba escucharlo a usted, que me preguntara cosas y no saber que responder, y me insistía, hasta me dio dolor de panza, ya me queria ir, me bloquee".

Despues de lograr obtener una repuesta a tal sugestión pasada, sería como haber desbloqueado otra puerta en la oscuridad interior de lo que arab vivía y entonces llegaríamos a otra parte muy importante que tratar en él: al parecer, poseía rasgos paranoicos ciertamente significativos, esto claro lo entenderíamos como consecuencia de las violaciones, asertividad que confirmaríamos más delante.

Arab explico sencillamente, que usualmente él tenía la costumbre de investigar a todas las personas que conocia con quien formaba algún tipo de amistad o vinculo fuese cual fuese, todo esto decía, "lo llevo más allá"; buscaba fortalezas y debilidades en las personas, y ojo en la explicación, ¿Por qué?, "para saber cómo atacar si es necesario" era su respuesta a dicho cuestionamiento; solía buscar imágenes, redes sociales, hacia observación, entre otras cosas, como el trabajo bien hecho de todo buen espía; decía tener informacion e imágenes recopiladas de sus compañeros de escuela, maestros, personas cercanas, familiares y grupos sociales;

Claramente, hablando al respecto pudimos verificar que este tipo de conducta, aunque ya habia cesado al momento de arab confesarla, en medio de la perturbación de por qué es que hacia ese tipo de cosas, logramos confirmar que habia sido una sintomatología paranoide como respuesta defensiva a las violaciones como lo adelante algunas líneas atrás, fue una forma que adapto en si como mecanismo defensivo ante aquello de lo que decía él "nunca pude defenderme".

Decía arab: "atacar a la mente es la manera en que puedo destruir a las personas", es claro que ante tal aseveración se puede observar las líneas del odio; igualmente comentaba sentir atracción en ocasiones por jóvenes adolescentes, y que el mismo hecho de ser prohibido o indebido hacia que le gustara más, sin embargo estábamos en una dinámica de confesiones, análisis, retroalimentaciones, confrontaciones, en donde arab decía y hacia muchas cosas y a su vez analizaba y tomaba dirección o recapacitaba al respecto, estábamos en un ir y venir de ideas tratando de desahogar todo lo que habia estado sintiendo y pensando durante el tiempo de su pesadilla neurótica y vaciando los pocos residuos que quedaban en su interior, a lo cual podemos dar un ejemplo con la confesión de la atracción sexual con los jovencitos mucho más chicos que él; "desde que te dicen no le enseñes esas fotos a nadie ya es muy excitante", seguido de esto, "suena feo lo que diga, no lo habia pensado, estoy mal"; como se puede observar, estuvimos oscilando en medio de muchas analogías de este tipo por un tiempo mientras que arab lograba aclarar y despejar los pequeños espacios confusos y distorsionados que quedaban en él; casi por ultimo hablo sobre el placer y la excitación que le causaba tener en su poder algo secreto o íntimo de las otras personas, al analizar tal situacion, deduje al final que sería como una manera de poder abusar igualmente él de los otros que representaban a sus violadores, era, a saber, como una fantasía que quedaba latente aun, una forma de contraatacar o vengar el abuso del que habia sido sometido teniendo en esta ocasión bajo su fantasía, el poder por delante, la posibilidad, el control; a esto arab simplemente reacciona con un rostro sorpresivo y ríe, despues dice "wow, wow, sí, así es". Este último tsunami de sugestión seria el inicio de nuestro final, una conclusión que arab venia esperando de hace un tiempo y que ahora habiendo ya comprendido como es que habia sucedido todo, aceptado su realidad instintiva, derrocado el falso yo, liberándose de sus miedos y dudas, confrontado sus fantasías perversas y hostiles y confesado sus pesares o cargas, habia comenzado su proceso de cierre.

Nuestros últimos encuentros ulteriores fueron a destacar en la misma dirección; arab llegaba contento, con un ambiente notablemente más fresco y agradable, estaba relajado a gran notoriedad; habia decidido en esos dias afrontar de lleno la realidad, realidad que ahora no era ya bloqueada por los miedos ocultos, y habia logrado hablar libremente con su familia y amigos más importantes, para su sorpresa, todos lo aceptaron bien, sin disturbios, sin disgustos, sin rechazos, arab dijo: "siempre me imagine lo peor, pero no fue así, fue chido".

Arab hablaba estas ocasiones con palabras distintas, un acento y una tonalidad que emergía de la satisfacción, se sentia una energía alegre, sana, optimista y vaya, ilusionada por un futuro como el que todos esperamos poder llegar a tener. Me comenta durante un momento incluso: "ya no me molesta saludarlo", despues cambia la palabra "molestia" por "incomodidad", muestra de la lucidez con que logra analizar en esta ocasión las cosas que ahora siente, piensa y desea expresar; esta incomodidad que expresaba ya no la sentia al saludarme y que la sentia durante todos nuestros encuentros, eran en referencia a saber que yo, de algún modo, sentia él, sabía todos su secretos.

Todo marchaba bien durante las sesiones, esta dirección se mantuvo así sin inesperados giros esta vez, arab estaba contento de saber que todos lo habian aceptado y lograba por fin vivir sin él (miedo) con respecto a lo que sentia sin tener que aislarse y ser alguien que no sentia ser; comentaba agradecido que todo habia valido la pena a pesar de los malos ratos o los momentos difíciles, y claro, aunque a veces puede sonar facil escuchar este tipo de situaciones, vivirlas, y más aún, poder sanarlas, no lo es para nada en esencia. Arab habia logrado liberarse de su propio rechazo, de sus ataduras psíquicas, de su propia restricción de deseos y emociones; su emancipación habia concluido en satisfacción.

Nuestra ruptura inminente habia llegado, era momento de que arab siguiera con su vida ahora con este nuevo camino por el cual seguir independientemente; no me queda más que desearle lo mejor y agradecer por el tiempo que me brindo de aprendizaje y de satisfacción profesional. Arab se marcha agradecido y feliz.

EL RETORNO A LA MADRE:
UN CASO DE NEUROSIS POR DUELO
REPRIMIDO

Tiempo antes de llegar al consultorio nos habíamos cruzado en algunas ocasiones por parte de un amigo en común, medio por el cual llegaría él a mí, una manera muy viable para las mejores relaciones y recomendaciones profesionales o de interes; Es así como Jaime L., un muchacho de 22 años llega al consultorio para iniciar su proceso de psicoterapia psicoanalítica.

Jaime era en ese momento un universitario, cursaba el último año de medicina, practicaba béisbol por las tardes y tenía una relación de hacía ya más de un año, siendo esta tercer situacion la responsable de impulsarle supuestamente a venir al consultorio. Tiene un hermano de 17 años en ese entonces, ellos vivían con sus tíos Javier y Rosa María, puesto que habia perdido a sus padres a sus 19 y 14 años respectivamente, cuestión que abordaríamos más tarde sin premeditar la tragedia que el relato traería consigo de manera abominable para la sensibilidad humana de muchos.

Cuando comenzamos a abordar la temática de las relaciones pasionales-afectivas, y lo cual sentia él que últimamente no andaba bien, hacía mención que venía de una especie de cadena consecutiva en la cual habia pasado por tres relaciones en los últimos tres años como si fuese algo matemáticamente muy exacto; medio año con la primera, medio año con la segunda y ya tenía más de un año con esta última, la cual era su novia actual, sin embargo, Jaime relataba que hacia un tiempo ya que sentia que no era él mismo, que no podía ser cariñoso, que no le nacía el afecto o las atenciones, simplemente, estaba por estar, como deseando tener algo, pero sin saber qué es lo que deseaba encontrar.

Jaime siempre tuvo una relación muy unida con sus padres, una vinculo sano donde nunca ocurrieron incidentes de los cuales preocuparse; él decía que "la escases de dinero de mis padres me lo compensaban con tiempo; fue una infancia muy bonita". Ya por la adolescencia como a los 15 y 16 años, como la mayoría de los jóvenes, chocaba frecuentemente con su madre principalmente en cuestiones ideológicas, esto hacia que se detonara cierta rivalidad, pero esto sólo duro por un tiempo escaso.

Perder a sus padres no habia sido facil, sobre todo, perder a su madre habia sido algo significativamente fuerte para entender que en su interior todo perdiera el sentido adecuado; esto podría ser una primera indagación de su deficiente desenvolvimiento afectivo en su relación como él mismo lo aquejaba. ¿Estaría protegiéndose acaso de manera inconsciente de amar auténticamente y entregarse de forma total y fortuita con el miedo inminente de perder dicho objeto afectivo de manera tan paralizante como habia sucedido con su madre?

Desde que recien entraba a la adolescencia, Jaime sufría de un tic nervioso en uno de sus ojos, concurridamente parpadeaba con el como si estuviera en medio de un shock, al parecer en lugar de ceder con el tiempo al intentar curarlo, se habia fortalecido justo tras el evento de sus padres, de igual manera, antes de pasar por esta cadena de relaciones que tuvo, habia tenido una relación que habia durado alrededor de 4 años, y que cabe resaltar, habia sido como miel en hojuelas, algo totalmente contrario a lo que vivía al dia de hoy; al parecer, a partir de los 19 años, Jaime estaba desorientado, como deseando encontrar un sentido, un cobijo, un regocijo; comentaba que no era el unico tic del que sufría aunque fuese el más fuerte, tambien le sucedía concurridamente que jugaba con los dedos en su boca a manera de ansiedad, se mordía los labios y hacia pujidos.

Al parecer tenía una auto-percepción aceptable sobre lo que sucedía en su interior y su exterior como para poder tener un punto de partida concreto, al menos en el campo subconsciente; entonces llego esa primer pregunta que postraría el rumbo a seguir del analisis: "¿Quién es Jaime?", para lo cual él respondió: "Un adulto que se tuvo que hacer adulto".

Un dia cualquiera, a sus 19 años, Jaime se encontraba en casa junto a su hermano mirando televisión como cualquier otra tarde, de repente suena el motor del portón eléctrico de la cochera de la casa donde vivían con sus padres aún en ese tiempo, ellos llegaban del trabajo como normalmente sucede en las familias a diario, sin embargo, de lo inesperado ocurre algo que rompe con la normalidad, mientras que el sonido de la camioneta hace su habitual rechinido al frenar indicando que ya han entrado en la casa, antes de que ocurriera el siguiente segmento auditivo del portón cerrándose, se escuchan estruendosos disparos que no habia forma de imaginar algo más que no fuese balas a quemarropa; Jaime, como en modo impulsivo sin tener que procesar siquiera el torbellino de ideas y emociones que estarían corriendo por dentro de él, salió corriendo a la cochera desesperado como deseando encontrarse con la fantasía de un milagro, el milagro de que no hubiese sucedido una tragedia, la cual descubriría un segundo despues de abrir la puerta de la casa; Jaime abrió la puerta y miro a su padre tendido en el piso, corrió hacia él y tomo su cabeza en su mano, su padre aún estaba consciente, y alcanzo a escuchar el susurro de su padre diciendo "ve con tu madre", la cual estaba del otro lado de la camioneta, el lado del copiloto de donde ella iría bajando a la hora del asesinato, Jaime soltó a su padre con una valentía tan gigante como lo sería el obedecer y tener la esperanza de volver a escucharle, entonces salió corriendo al otro lado de la cochera, mientras que su hermano habia corrido dentro de casa a llamar a sus tíos para pedir auxilio, al llegar Jaime con su madre, la encuentra tirada bañada en sangre, ella habia fallecido, asi que decidió correr de nuevo hacia su padre, quien unos segundos despues al volver con él, tambien habia fallecido ya, los dos habian muerto en sus brazos; es de imaginarse el shock al que Jaime con solo 19 años estaba enfrentándose en ese momento, por un lado el hijo totalmente inocente a quien le están arrebatando ese objeto de amor irremplazable y eterno como es la madre, por otro la perdida de ese vínculo con quien es la figura heroica en el desarrollo común de un hijo y que representa y juega ese papel de seguridad y éxito en el futuro como es el padre, y por último, ese joven que está mirando a su hermano asustado en la puerta, en medio del shock, con solo 14 años, sin saber qué hacer, y que es justo ahí cuando comienza el proceso de "el adulto que se tuvo que volver adulto"; Jaime no tuvo tiempo de procesar lo que ocurría, valientemente tuvo que bloquear el shock y mantener la cordura para funcionar para su hermano, no dio lugar al trauma ni a la desesperación; el bloqueo fue inminente.

Podemos aseverar la intensidad del bloqueo con sólo saber que tan sólo un día despues de la terrible vivencia, Jaime se presentó a clases con normalidad en la escuela, siguió con su rutina, abordo en la menor medida posible el tema y siguió con su vida como si lo que ocurrió hubiese sido solo un sueño del que pronto despertaría.

Claramente, el material reprimido encapsulado de manera tan abrumadora en su interior se encargaría poco a poco con el tiempo de hacerle ver que no podía escapar ni ignorar lo que habia vivido y la huella que en su vida se habia escrito aún ante el rechazo de todo deseo posible de que así hubiese ocurrido, esto generaría día con día la cosecha de una afectividad y una sensibilidad cada vez más fria, cada más distante, cada vez más opositora y vacía de esperanza y de paz disfrazada en el deseo de sólo tener que subsistir y crecer, seguramente y de manera muy inconsciente para recorrer un camino de vida que se tiene que cumplir por obligación ética y moral para llegar a la muerte de manera pacífica; una visión muy conformista de vivir.

Con el paso de las sesiones logre darme cuenta que sin preverlo caíamos en una triada coordinada y muy enlazada con un fin común, el decaimiento del deseo de vida de Jaime, ya que constantemente hablaba mucho sobre cómo no le veía el sentido de excitación a las situaciones de vida o a los momentos especiales, en breve, a casi nada de lo que hacía; de las pocas cosas que mantenían disfrazado en parte su necesidad como goce eran el béisbol que seguía practicando y el deseo de ver a su hermano crecer sano y enfrentar el mundo sin sufrimiento, cumpliendo así con algo que desde un inicio quedo marcado asumió como su responsabilidad en honor a sus padres.

Sin embargo algo llamo mi atención más que cualquier otra cosa, esto fue al referir que los bebés le parecían feos, que no le agradaban ya los niños pequeñitos aun cuando es su modo más tierno e inocente de existir en cualquier ser humano; pude entenderlo rápidamente al dedicar un tiempo a analizar esta afirmación que me causaba bastante estruendo; Jaime habia tenido ya pérdidas importantes, y no de manera común o sutil, sino de manera arrebatada y brusca, en momentos que no eran los momentos y en tiempos que no eran los tiempos; resumidamente podría decir que Jaime habia desarrollado un rechazo a la vida misma simbólicamente, y claro, inconscientemente al no darse cuenta que lo hacía, era un mecanismo que intentaba salvaguardarlo del sufrimiento encapsulado y latente aun en el fondo como cualquier otro mecanismo defensivo del Yo.

Habia tenido una cadena desencadenante de dos sucesos principalmente que jugaron como cómplices para esta consecuencia ultima; primero, cuando Jaime se desenvuelve tierno, detallista, amable, sonriente, un gran chico dedicado a la vida, a la familia, a su novia, etc., sufre de ese rompimiento amoroso del que todos alguna vez vivimos y que es muy difícil recuperarse, y aun intentando por todo un año recuperar ese objeto de amor tan valorado no logra encontrar el camino correcto que concrete al deseo y pronto a esto se le suma el arrebato trágico de sus padres, lo cual provoca claro este rechazo a la vida, a lo dulce de la misma, lo bueno, lo deseable, lo esperanzador y lo mágico.

La explicación seria breve como en modo de silogismo aristotélico como muchas cosas en la lógica de la vida: los hijos (bebés) representan vida dada por los padres; luego, a Jaime le son arrebatados sus padres (representantes de su vida); entonces, Jaime desarrolla un rechazo (odio simbólico) por los bebés (representantes de vida); esto sucede con el unico fin de poder reprimir y salvarle de la tragedia tan horrible y dolorosa que intenta mantener enterrada en el fondo de su interior para seguir adelante, seguir avanzando en la vida, sin sus padres, sin esas figuras de seguridad y de amor incondicionales e inmortales en nuestras fantasías de carácter infantil.

Le gustaba mucho usar la respuesta "todo bien" durante algunas sesiones posteriores para la mayor parte del análisis y sus confrontaciones o indagaciones, existia una especie de bloqueo sensorial sucediendo ante todo posible dialogo que permitiese o anunciara un clavado a la profundidad del inconsciente; seguramente esto se habia ido adaptando en él como herramienta de protección por parte de su sentido de conservación.

Ante tal trampa del mismo espectro opte por dejar pasar algunos minutos en silencio sin cruzar palabras entre Jaime y yo, esto funciono satisfactoriamente pues dejo de alimentar la barrera de la función yoica que estaba accionando como escudo para adentrarnos en el camino que el análisis iba dirigiendo y posterior a ello ese escudo perdió fuerza, despues del silencio hice una pregunta de nuevo y comenzó a hablar emocionadamente y con mucha disposición, de alguna manera fue "salvado" de ese silencio que solo estaba manejándolo sin darse cuenta a manera de sabotaje para su propia evolución en el tratamiento y de su posterior avance en el desarrollo del mismo.

Algunas sesiones despues, ya con algunas cuestiones más lúcidas y algunos candados abiertos, quise volver a echar un vistazo en como era su estado actual con respecto a todo lo que habia y estaba ocurriendo en él, para lo cual dijo: "desprotegido, asi me siento yo"; esta respuesta seria en sí lo que abriría el curso concretamente a la cura de la sintomatología que acechaba a Jaime en las sombras.

Cuando confronto si en verdad la palabra que queria usar era desprotegido intenta evadir esa realidad diciendo que ha confundido la palabra con el deseo de decir "apoyo" y que no sentia apoyo justamente era lo que deseaba decir, sin embargo sabía que no era así, la palabra "desprotegido" seguramente habia surgido a modo de acto fallido desde el fondo de su dolor; estuvimos dialogando al respecto de lo que sentia y por qué habia expresado esta primer palabra haciéndole entender que no habia sido una confusión, sino más bien una realidad que al instante quiso volver a ocultarse. Asi fue como más adelante en la sesión llegamos al cuestionamiento sobre cómo se sentia con respecto al proceso que llevaba hasta el momento, las sesiones y todo lo que involucra esta situación, para lo cual respondió confortablemente: "cuando salgo de aquí me siento más aliviado"; y entonces se le hizo la confrontación que aunque muy sencilla de entender concientemente, le impulsaría muchos pasos adelante inconscientemente para traerlo a la manifestación real de lo que vivía en su propia oscuridad, "vaya, pero dices no tener problemas no?", ya que afirmaba frecuentemente no tener problemas, pero incluso en el intento de reprimir constantemente es más que ilustrativa la dinámica sugestiva al regresarle la pregunta de no tener problemas despues de aseverar sentirse más "aliviado" despues de nuestros encuentros; esto abriría una puerta muy grande en su mente que nos dejaría avanzar ya no caminando sino a saltos largos como en medio de una olimpiada misma en competencia de salto.

Llegaría un momento decisivo que Jaime estaría por conocer; pude llegar despues de todo esto a una nueva interpretación que al parecer acabaría con todo lo que estábamos pasando; me di cuenta que constantemente cuando le preguntaba a Jaime si estaba viviendo momentos de ansiedad, estrés, desesperación, dolor, angustia, etc., afirmaba que no, él decía "no, nada de eso" y el famoso "todo bien", sin embargo una vez que nos dimos cuenta de que se sentia más "aliviado" y que no se puede sentir alguien aliviado sin haber estado antes "enfermo" por decirlo asi, claro que algo pasaba; esto me llevo a reconsiderar la incongruencia de las dos respuestas y pude darme cuenta de algo, sólo hay una persona que juega principalmente el rol en la vida de un ser humano de cuidado, de protección, de cobijo, de dulzura y de seguridad emocional y que claro hablando popularmente, siempre insiste e insiste en saber cómo estas, que te sucede, aun cuando niegues repetidas veces toda respuesta posible que incluso parece saber por adelantado esa otra persona y que por ende siempre sigue insistiendo hasta hacerte sentir y saber que puedes confiar, decirlo y vivirlo y que estará ahí para ti y para tu bienestar y tu felicidad a pesar de cualquier cosa y lo difícil que esta parezca o pueda ser: la madre; esa persona que posee el único amor incondicional en la existencia de un ser humano y que vera siempre ante cualquier situación primero por un hijo que por cualquier otra cosa así sea traición, dolor, decepción, miedo o resentimiento y cansancio; esa persona que siempre te perdonara y te abrirá los brazos bajo cualquier situacion imaginable e inimaginable en la vida para seguirte amando y cuidando; la figura de la madre, era eso que en la oscuridad a Jaime lo habia padecido y confundido.

Básicamente llegue a la interpretación de que: yo figuraba ese papel de madre en el escenario terapéutico de Jaime, yo le cuidaba, yo le protegía de los miedos y de los espectros que le acechaban en el fondo, me hacía cargo de él, yo lo intentaba hacer sentir bien aun cuando él se negara tanto, rechazara todo y desconociera sus emociones reales, yo insistía, yo persistía y entonces, él se iba aliviado al salir de acá, yo era simbólicamente en escena y en discurso analítico la madre de Jaime.

Una sesión despues de lo ocurrido, abordamos mi interpretación, le comento al respecto de lo que eh descubierto e intento saber si en alguna parte de su subconsciente esta interpretación le suena familiar o me de alguna indicación de que estoy en lo cierto, para lo cual Jaime dice: "wow, me sorprendes en verdad, alguna vez pensé en ya no venir a las sesiones, pero me programe a lo que me dijiste de confiar y no desistir del proceso, y en este momento me atrevería a decirte que tienes toda la razón". La razón en este caso era, que Jaime estaba viviendo todo lo que habíamos hablado por la falta de esa figura materna a la que estaba tan especialmente vinculado y que tan importante era para él, debido a eso y su expresión sugestiva de la palabra "desprotegido" que cambió el rumbo del análisis, evaluamos una polisemia de palabras que Jaime asociara con la palabra "protección" vinculada a sus padres claramente para lo que surgieron algunas como: amor, enseñanza, experiencia, guía, etc., y todas ellas daban significado a ese papel de quien te enseña a vivir en el mundo, a lidiar con la vida, a afrontar las situaciones y caminar por los años, a construir una buena persona y apoyarte incondicionalmente en todo momento, cuidarte y amarte para llegar a ser un buen ser humano, una buena pareja, un buen trabajador, un buen padre, un buen hijo.

Jaime habia estado buscando este rol en diferentes personas y en diferentes situaciones, es por ello que nunca podía mantenerse ya estable en algo o con alguien, nunca quedaba satisfecho, nada era importante y nada tenía sentido suficiente, pues esa busqueda sólo se proyectaba en depósitos (lugares y personas) en donde dicha energía no correspondía, buscaba a su madre sin saber que era a ella a quien buscaba simbólicamente, más que nada, lo que ella significaba para él; una vez que logre dicha sugestión en Jaime, y que incluso el mismo puede afirmar ya con lucidez y consciencia que en mi habia encontrado ese dinamismo afectivo y que justo era eso lo que tanto habia buscado sin saber que lo buscaba posteriori a haberlo perdido y bloqueado dicho proceso de duelo sin permitirse vivirlo y resignarse adecuadamente a la perdida, pudimos curar el síntoma de esa insatisfacción eterna que Jaime vivía constantemente por no encontrar lo que buscaba sin saber siquiera que lo buscaba.

En nuestros encuentros posteriores continuamos analizando lo que habia ocurrido y llegamos a la conclusión de que lo que seguía era asimilar lo que habíamos pasado en analisis, y comenzar de nuevo ahora en adelante una vez sanado el síntoma de lo desconocido y pendiente, a proyectar esas búsquedas de amor, de experiencia, de consejos y demas situaciones en otras personas, desde un nuevo deseo, con un nuevo simbolismo y significación de las mismas para poder así comenzar a crear una nueva historia, nuevos vínculos y un nuevo camino por donde caminar en la vida, sabiendo de antemano lo que busca encontrar y en donde lo busca, así como lo que busca depositar y en donde lo deposita.

Durante nuestro último encuentro, repasamos de manera resumida todo lo que desde un comienzo fue difícil, en ocasiones desesperante y de sentir apático, hasta el proceso de lo interesante, lo confrontativo, lo aliviante y lo esperanzante; hablamos de las nuevas metas y los nuevos puntos de visión para proseguir en la vida afrontando y aprendiendo a vivir con esa pérdida que en algún momento todos cargamos y muchos en momentos que no deseamos, pero que igual nos vemos obligados a hacerlo; Jaime se sensibiliza un poco por primera vez de manera natural por todo el descubrimiento echo para sí mismo, ese nuevo saber que lo invita a la vida de nuevo de manera estable; algo le remueve un poco las emociones como estando frente a su madre una vez más aunque en este caso sabiendo que sólo figuraba lo que desearía haber seguido teniendo de ella y viviendo con la re confortación de que varios años de su vida al menos lo tuvo y siempre lo tendrá en sus recuerdos y me agradece profundamente por todo.

Jaime se fue de lo que sería en ese momento nuestra última sesión con una sonrisa y una satisfacción en la mirada que invitaba a la esperanza de vivir feliz y en paz; tiempo despues lo volví a ver en su graduación de la carrera como médico, lo salude, me saludo con una sonrisa, estrechó mi mano cálidamente y me retire con mucha alegría y dicha de verle realizando y construyendo los pasos de su futuro de manera sana, feliz y estable.

SOBRE EL AUTOR

Juan Carlos Martínez López es un joven profesional de 32 años a la fecha de ésta publicación; nacio y vive actualmente en Culiacán, Sinaloa, México. Su formación fue realizada en la Universidad Autónoma de Sinaloa, Facultad de Psicología. Cuenta con una especialidad en psicoanálisis por parte de la Asociación de Salud Psíquica de México, ubicada en Guadalajara, Jalisco, México; Asi mismo, cursa al día de hoy una maestría en Inteligencia Emocional en Centro Escolar Mar de Cortes, ubicada en Culiacán, Sinaloa; Tambien posee distintos diplomados, cursos y talleres. Asi mismo, es autor de dos artículos en el blog de psicología oficial de la página Psicoactiva, originaria de España.

Es un profesional con una visión profunda, enriquecido de habilidades, aptitudes y destrezas que le permiten navegar con profesionalismo y éxito este amplio y complejo camino de la salud mental y emocional de los seres humanos.

*Pagina de Facebook.
Consultorio Psicológico JC-Martinez

*Canal de Youtube.
JC-MARTINEZ

>Si tus deseos dicen sí, y tus ideas dicen no, la neurosis podría estar a la vuelta de la esquina<

FIN